Christoph Fasel ist Professor für Medien- und Kommunikations-
management an der Hochschule für Wirtschaft und Medien in
Calw. Er arbeitete zuvor als Redakteur und Reporter für die Zeitschriften »Stern« und »Eltern« sowie als Chefredakteur der deutschen und österreichischen Ausgabe von »Reader's Digest« und
leitete die Henri-Nannen-Journalistenschule in Hamburg.

Christoph Fasel

Textsorten

UVK Verlagsgesellschaft mbH

Wegweiser Journalismus
Herausgegeben von Christoph Fasel
Band 2

Bibliografische Information der Deutschen Bibliothek
Die Deutsche Bibliothek verzeichnet diese Publikation in der Deutschen
Nationalbibliografie; detaillierte bibliografische Daten sind im Internet
über http://dnb.ddb.de abrufbar.

ISSN 1866-5365
ISBN 978-3-86764-112-8

© UVK Verlagsgesellschaft mbH, Konstanz 2008

Einbandgestaltung: Susanne Fuellhaas, Konstanz
Konzeption und Layout: Claudia Wild, Konstanz
Lektorat: Christiane Kauer, Bad Vilbel
Druck: Memminger MedienCentrum, Memmingen

UVK Verlagsgesellschaft mbH
Schützenstr. 24 · D-78462 Konstanz
Tel.: 07531-9053-0 · Fax: 07531-9053-98
www.uvk.de

Inhalt

1   Warum Journalisten Textsorten brauchen

Wer sich dem anderen mitteilen will, tut das in einer bestimmten Form. Er sucht ein Medium: Sprache, Schrift, Bild, Symbol. Er sucht eine Basis, auf der er sich mit dem anderen verständigen kann: Mit einem Code, den beide verstehen, mit einem gemeinsamen Vorrat an Zeichen – wie zum Beispiel einer roten Ampel, die bedeutet: Bitte anhalten! – oder in einem Verständnis von Bildern und Assoziationen: Weinen, Lachen, Trauern usw.

Wer sich dem anderen mitteilen will, braucht also bestimmte Werkzeuge. Journalisten haben vor allem eine Berufsaufgabe: erfolgreiche Mitteilung möglich zu machen. Und eines der wichtigsten Werkzeuge, das sie benutzen, um diese Aufgabe zu bewältigen, sind die *journalistischen Textsorten*: Die Nachricht und der Bericht, das Feature und die Reportage, das Interview und das Porträt, Kommentar und Glosse, Kritik und Betrachtung. Warum gibt es diese Textsorten? Was macht ihre Eigenheiten aus? Wie setzt man sie als Journalist ein? Und was bewirken sie beim Leser?

Diese Fragen klärt das vorliegende Buch. Und eine Reihe weiterer Fragen gleich mit. Die Textsorten werden verdeutlicht und mit Beispielen präsentiert, die zum Mitmachen anregen.

Der Leser erfährt hier,

- was tatsachenbetonte von meinungsbetonten Texten unterscheidet,
- wie man den Kern einer Nachricht findet und schreibt,
- was Nachricht, Bericht und Feature unterscheidet,
- warum ein Interview nie so gedruckt wird, wie es geführt wurde,
- was einen guten Reporter auszeichnet,

- wie man Menschen spannend porträtiert,
- warum ein Kommentar eine Meinung braucht – und wie man sie präsentiert,
- warum Glossenschreiber immer eine Pointe brauchen und
- was eine gute Kritik im Feuilleton ausmacht.

Besonders geeignet ist dieser Band für junge Menschen, die Journalisten werden wollen und sich in den Regeln einüben möchten; spannend zudem für alle, die das Handwerk des Journalisten besser kennen lernen und beherrschen möchten. Und für Seiteneinsteiger, die eine Überblicks-Information brauchen. Diesen Aufgaben folgt der Aufbau: Das Buch ist stark gegliedert und erklärt anhand zahlreicher Fallbeispiele und Checklisten, wie man die journalistischen Textsorten am besten einsetzt.

Journalisten sind keine Künstler, sondern Handwerker

Warum aber brauchen Journalisten so viele Textsorten, wenn sie ihre Arbeit verrichten? Die Antwort lautet: Journalisten erfüllen eine Palette von Kommunikations-Ansprüchen für ihren Leser, Hörer, Zuschauer und User im Internet – im Folgenden der Einfachheit halber als der »Leser« bezeichnet.

Journalisten schreiben also nicht einfach drauflos. Denn Journalismus ist eine Form von Massenkommunikation, die strikten und nachvollziehbaren Regeln unterworfen ist, will sie dem Anspruch des Berufs gerecht werden. Dazu gehört die Erkenntnis, dass Journalismus keine Kunst ist, sondern ein Handwerk. Inspiration, Neugierde, Findigkeit und Mut sind dabei durchaus hilfreiche Begleiter im journalistischen Arbeiten – sie ersetzen jedoch nicht die Kenntnis präziser Regeln.

Aufgaben des Journalisten

Er soll seine Leser ...
- sachgerecht mit Informationen versorgen,
- Informationen anschaulich machen,
- teilhaben lassen an Schlüsselbegebenheiten,
- für die Hintergründe und Zusammenhänge sensibilisieren,
- befähigen, sich ihr eigenes Urteil zu bilden,
- orientieren, wie sie das Geschehene Einordnen können,
- mit nutzwertigen Informationen bedienen,
- unterhalten.

Merke

Der Journalist bedient sich also bei seiner Aufgabe bestimmter Techniken und Werkzeuge, wenn er arbeitet: Bei der Themenfindung folgt er einer Arbeitshypothese, die ihm eine Begebenheit, einen Hinweis oder eine Vorrecherche nahelegen. Bei seiner Recherche bemüht er sich, die Fakten aufzuspüren, kritisch gegenüber seinen Informationen zu bleiben und stets alle Aspekte eines Themas zu beleuchten. Im nächsten Schritt, der Selektion, zeigt sich eine der zentralen Fertigkeiten seines Berufes: die professionelle Fähigkeit zur Auswahl. Das Wichtige wird dabei stets unter der doppelten Frage ausgewählt: Was macht erstens die Begebenheit so herausragend, dass ich über sie berichten sollte? Und zweitens, was ist eigentlich für meinen Leser interessant?

Der nächste Arbeitsschritt gilt der Präsentation: Welche Textsorte bietet sich dafür an, die Erkenntnisse meiner Arbeit meinem Leser vorzulegen? Welche Textsorte ist für welches Thema geeignet? Und schließlich: Welche Sprache muss ich benutzen, damit die Kommunikation mit meinem Leser gelingt?

Fünf Merksätze zum Journalismus

Gelungener Journalismus ist …

1. ein Versuch, Wirklichkeit wiederzugeben: Fakten, keine Fiktion.
2. ein Ausschnitt aus der Welt: die Selektion des Aussagekräftigen.
3. die Übersetzung von Kompliziertem: Der Leser soll mich verstehen.
4. die Wiedergabe von Wichtigem: Was ist interessant für den Leser?
5. bei der Aufklärung und Meinungsbildung dienlich: hilft bei der Orientierung.
6. ein Handwerk, das man erlernen kann: Er ist keine Kunst.

Merke

Kein Text ohne einen Küchenzuruf!

Bevor wir uns den Textsorten zuwenden, gilt es, einen zentralen Begriff des journalistischen Werkzeugs vorzustellen. Dabei handelt es sich um die Klärung der Frage: Welcher Aspekt einer Geschichte ist es wert, unter journalistischem Blickwinkel beleuchtet zu werden?

Basis jeder journalistischen Tätigkeit bleibt die Kommunikationshaltung des Autors, der etwas zu sagen haben muss – und will. Denn seine Tätigkeit unterscheidet sich ja gerade von der des Literaten oder Lyrikers dadurch, dass er versucht, im Sinne einer »optimalen Voraussetzungslosigkeit« und einer »optimalen Verständlichkeit« so wie das der Journalismusforscher Michael Haller fordert, eine größtmögliche Anzahl von Lesern, Hörern oder Zuschauern mit einer Tatsache, einem Hintergrund, einer Schilderung, einem Ratschlag oder einer Meinung so zu erreichen, dass er mit seiner Botschaft verstanden wird.

Henri Nannen, der 1996 verstorbene Gründer und langjährige Chefredakteur des Stern, hat in der ihm eigenen zupackenden Art schon früh den Anspruch an eine sachgerechte journalistische Aussage klargemacht. Ihm verdankt der Journalismus das Konzept des so genannten »Küchenzurufs«. Es beschreibt anhand einer – zugegebenermaßen biederen – Szenerie, wie ein Text beschaffen sein muss, wenn er eine Aussage treffen will. Nannen forderte, dass jeder Text, der den Anspruch erheben will, journalistisch zu sein, diesen Küchenzuruf haben müsse. Trotz des altbackenen Rollenschemas, das sich in diesem Beispiel des Stern-Gründers widerspiegelt, sei es hier im Original wiedergegeben.

»Was ist also ein Küchenzuruf? Wenn am Donnerstag der Hans mit seiner Frau Grete am Arm zum Kiosk pilgert, dort 2 Mark 50 hinlegt und den neuen Stern käuflich erwirbt und sie beide dann mit dem Stern unter dem Arm wieder gemütlich nach Hause wandern; und Grete sich dann in die Küche verfügt, sich die Schürze umbindet, um sich für den Abwasch vorzubereiten; und der Hans nebenan im Esszimmer Platz nimmt, den neuen Stern aufschlägt und mit der Lektüre der ersten Geschichte im neuen Stern beginnt; und wenn der Hans dann nach beendigter Lektüre dieser Geschichte voller Empörung seiner Frau Grete durch die geöffnete Küchentür zuruft: ›Mensch Grete, die in Bonn spinnen komplett! Die wollen schon wieder die Steuern erhöhen!‹ – dann sind diese beiden knappen Sätze: ›Mensch Grete, die in Bonn spinnen komplett! Die wollen schon wieder die Steuern erhöhen!‹ der so genannte Küchenzuruf des journalistischen Textes.«

Anders gesagt: Der Küchenzuruf ist jene Fähigkeit, die jeder nach journalistischen Maßstäben verfasste Beitrag besitzen muss, seinen Leser, Hörer, Zuschauer oder Nutzer in die Lage zu versetzen, nach der ersten Lektüre des Textes oder nach dem ersten Anschauen des TV-Beitrags die Kernbotschaft, das

Herz, die zentrale Aussage des Textes in maximal zwei bis drei kurzen Sätzen wiederzugeben. Diese Sätze klären für den Leser zugleich die Frage: »Warum muss ich diesen Text jetzt lesen?« Gibt es darauf auch nach redlicher Suche keine Antwort, steht fest: Dem Text fehlt der Küchenzuruf, er ist im Sinne von Journalismus unbrauchbar und weitergedacht, zu jeglicher Form von Kommunikation ebenfalls nicht tauglich.

Jeder journalistische Text, egal in welcher Textsorte er dargeboten wird, hat einen Küchenzuruf!

Aber Achtung: das Konzept des Küchenzurufs funktioniert nur in journalistischen Texten und in solchen Texten, die dem Leser eine Botschaft entgegenbringen wollen. Unter diesem Blickwinkel muss auch ein Liebesbrief einen Küchenzuruf enthalten, der, zusammengefasst in einem Satz, etwa die Aussage haben sollte: »Ich liebe dich. Und ich möchte etwas mit dir anfangen!«

Doch Vorsicht mit der Anwendung dieses Küchenzuruf-Konzeptes auf nicht journalistische, etwa literarische Texte: Deren Rezeption ist meist eine andere. Hier geht es nämlich nicht primär um die Vermittlung von Fakten, Meinung, Einordnung oder Nutzwert – sondern um den ästhetischen Genuss während der Rezeption des literarischen Kunstwerks. Deshalb gilt: Es ist vergebliche Liebesmüh, in Goethes Faust II oder Hölderlins Oden und Elegien das Prinzip des Küchenzurufs anwenden zu wollen!

2 Die vier Arten der journalis-
tischen Thematisierung

Wie arbeitet ein Journalist? Er sucht, findet oder entwickelt eine Themenidee. Begibt sich dann auf die Suche nach den Informationen, also auf die Recherche. Hat er genügend Informationen gesammelt, geht er daran, aus der Fülle des Materials seinen Ansatz für das Thema zu formulieren – und die dafür wichtigen Materialien auszuwählen. Diesen Schritt bezeichnet man auch als journalistische Selektion oder als Auswahl der Kernbotschaft.

Aber bevor der Schreibvorgang beginnen kann, muss der Journalist noch eine Entscheidung treffen: In welcher Form will er das Ergebnis seiner Recherche- und Selektionsarbeit präsentieren? Grundsätzlich unterscheidet der Journalismus als Handwerk zwischen vier Arten, ein Thema darzubieten. Diese vier Arten nennt der Leipziger Journalismus-Forscher Michael Haller auch die Thematisierungsarten des Journalismus.

Wie unterscheiden sie sich? Grundsätzlich kann ein Journalist, gleich ob er für eine Zeitschrift, eine Zeitung, für einen Radio- oder TV-Sender arbeitet oder ob er einen Beitrag für ein Internat-Angebot schreibt …

1. über ein Thema berichten,
2. eine Geschichte zu diesem Thema erzählen,
3. das Geschehen für den Leser einordnen,
4. dem Leser einen Nutzen oder einen Rat mitgeben.

Schauen wir uns diese vier Möglichkeiten, die ein Journalist hat, um ein Ereignis darzustellen, einmal anhand eines Beispiels an: Spät abends in einer Stadt. Sirenen schrillen. Löschzüge und Polizeifahrzeuge rücken mit Krankenwagen aus. Alarm: Es brennt in einem Asylbewerberheim.

Wie sähe die Darstellung praktisch aus? In unserem ersten Fall hat der Journalist nur noch wenig Zeit, an diesem Abend seine Zeitung für den nächsten Tag zu aktualisieren. Also versucht er, die Fakten rasch so aufzubereiten, dass seine Leser am Frühstückstisch am nächsten Morgen wenigstens über das Geschehen in der Nacht informiert sind. Dazu beantwortet er die wichtigsten W-Fragen, so wie sie typisch für Nachricht und Bericht sind (dazu später mehr im Kapitel 4 ab Seite 35).

Die wichtigsten W-Fragen

Was ist geschehen?
Wo ist es geschehen?
Wer ist betroffen?
Wann ist es passiert?
Was sind die Folgen?
Wer war der Täter?

Merke

Was tut der Journalist hier? Er benutzt die erste der vier Arten zu thematisieren: Er berichtet über das, was geschehen ist. Hier geht es um die Darstellung von Fakten, nicht um Eindrücke, Meinungen, Mutmaßungen oder gar Ratschläge und Schlussfolgerungen für die Handlungsweise des Lesers. Die Textsorten, die zu dieser ersten Gruppe des Berichtens gehören, sind die Meldung, die Nachricht, der Bericht, und, je nach Definitionsansatz, den die Journalisten wählen, zumindest im gedruckten Journalismus von Zeitung und Zeitschrift, das so genannte Feature. Eine rasche Meldung, die unter dem üblichen Zeitdruck des journalistischen Produzierens zustande kommt, könnte bei unserem Beispiel folgendermaßen aussehen:

Berichten: Brand im Asylbewerberheim

XY-Stadt: Gestern Abend um 21.30 Uhr brach ein Brand in der Unterkunft für Asylbewerber in der Müllerstraße aus. Mit zwei Drehleitern rettete die Feuerwehr 21 Bewohner des Hauses – darunter acht Kinder – aus den oberen Stockwerken. Dabei erlitten 14 Personen Rauchvergiftungen. Sie wurden zur Beobachtung ins Marien-Krankenhaus eingeliefert. Die übrigen Bewohner wurden von der Polizei in der nahe gelegenen Turnhalle der Meier-Schule untergebracht und von der Caritas versorgt. Ein Anwohner hatte gegen halb neun die Feuerwehr alarmiert, weil er Flammen aus einem Kellerfenster des vierstöckigen Gebäudes schlagen sah. Das Feuer fraß sich rasch bis zum Treppenhaus vor und versperrte den Bewohnern des Hauses den Fluchtweg. Das Haus brannte trotz des Einsatzes von vier Löschzügen bis unter das Dach aus. Die Polizei hat noch keine Hinweise auf die Ursache des Feuers. Sie schließt Brandstiftung jedoch nicht aus. Einen ausführlichen Hintergrundbericht dazu lesen Sie in unserer Ausgabe morgen.

Beispiel

Journalisten berichten – nicht nur!

Doch die Nachricht oder der Bericht umfassen nicht alles, was das Bedürfnis eines Lesers von der Zeitung oder Zeitschrift fordert. Eine Zeitung, die uns alle ihre Erkenntnisse in der journalistischen Darstellungsform der Nachricht oder des Berichts anbieten würde, wäre langweilig. Und die Leser würden sich abwenden und sich spannenderen Medienangeboten zuwenden. Deshalb muss ein Journalist mehr können, als nur zu berichten. Denn er erzählt ja auch Geschichten – farbig, anschaulich und mit hohem Leseanreiz.

Deshalb tritt als zweite Form des Thematisierens das Erzählen zum Berichten. Die Textsorten, die zu dieser zweiten Art der Thematisierung zählen, sind die Reportage, das Interview und das Porträt (mehr darüber in Kapitel 5 ab Seite 59).

Kennzeichen der erzählenden Textsorten

Merke

- persönlicher Augenschein des Reporters,
- erzählender, kein hierarchischer Aufbau,
- szenische Schilderungen,
- wörtliche Rede oder auch Gegenrede,
- plastische Schilderung der Vorgänge,
- Detailreichtum in der Beobachtung,
- Auftreten von lebendigen, handelnden Personen,
- Darstellung von Emotionen.

Der Leser merkt: Bei diesen erzählenden Textsorten hat der Journalist seiner Berichterstattung eine Dimension hinzugefügt. Idealerweise ist er bei den erzählenden Textsorten selbst vor Ort gewesen. Seine Recherche hat sich also nicht nur auf Verlautbarungen gestützt, sondern auf seinen Augenschein und die persönliche Befragung. Vielleicht hat der Reporter die Chance, in kurzer Zeit zum Ort des Geschehens vorzudringen. Er eilt also zum Ort des Geschehens. Und was er dort erlebt, fasst er anschließend in einen journalistischen Augenzeugenbericht: eine Reportage.

Erzählen: Brand im Asylbewerberheim

Eine Qualmwolke hängt über der Müllerstraße. Vom Asylbewerberheim, von dem aus sie über die Straße kriecht, sind nur noch die Umrisse zu sehen. Und fünf Meter hohe Flammen, die aus den Fenstern in Erdgeschoss und erstem Stock schlagen. Der Qualm stinkt

Beispiel

nach Gefahr und Verwüstung, nach verkohltem Holz und nach der Angst der Menschen, deren Schreie ihn durchdringen. Denn so wenig zu sehen ist, so viel ist zu hören in der Müllerstraße, heute Nacht gegen 22 Uhr. Menschen schreien, drängen sich auf den handtuchgroßen Balkonen im zweiten und dritten Stock der Asylbewerberunterkunft. Ihre Schattenrisse wirken scharf und drohend – denn das Feuer, das sie zeichnet, ist nur noch vier, fünf Meter von ihnen entfernt. Sie rufen »Hilfe, Hilfe!« oder in gebrochenem Deutsch »Wo ist Feuerwehr mit Leiter?« Oder sie schreien einfach nur in einer von jenen dutzend Sprachen der Länder, aus denen sie stammen, ihre Todesangst in die Nacht.

Die Feuerwehr ist da. Fünf Löschzüge sind zur gleichen Zeit in der Müllerstraße angekommen, bahnen sich einen Weg durch die Gaffer, die nicht helfen können aber dennoch nichts versäumen wollen vom Leid der Geängstigten. Die Männer hetzen aus ihren Fahrzeugen, schließen die Hydranten an, fahren die ersten beiden Leitern aus. Alles geschieht in beruhigender Professionalität...

An diesem Beispiel erkennen wir eine weitere Dimension der journalistischen Arbeit: Über die Fakten der Nachricht und des Berichts hinaus sinnliche Eindrücke wiederzugeben, für den Leser Augen- und Ohrenzeuge zu sein und ihm so die Möglichkeit zu geben, sich ein Bild von den Vorgängen jener Brandnacht zu machen. Diesen erzählenden (oder auch narrativen) Ansatz finden wir nicht nur in der Reportage, sondern auch im Porträt und im Interview.

Journalisten ordnen ein

Viele Tageszeitungen haben die Texte der dritten vorhin genannten Art, nämlich zu thematisieren, sofort auf dem Titel – wie zum Beispiel die Süddeutsche Zeitung oder die Frankfurter Allgemeine Zeitung. Zumindest aber finden sie sich als wichtiger Bestandteil immer auf den ersten Seiten wieder: Die Rede ist von den Textsorten, die das Geschehen für den Leser einordnen. Davon gibt es eine ganze Menge: Den Kommentar, die Glosse, die Kritik oder die Rezension, das klassische Feuilleton, die Betrachtung – ja, und man höre und staune: auch der Sportbericht gehört dazu. Denn alles, was an journalistischer Leistung über die Ergebnis-Berichterstattung hinausgeht, wird zur Kritik, also zur Einordnung des Spiels.

Die einordnenden Textsorten bilden zugleich die zweite wichtige Säule im System der journalistischen Arbeit. Sie ergänzen die Gruppe der tatsachenbetonten Textsorten in Richtung der meinungsbetonten. Denn der Leser, Hörer oder Zuschauer will mehr als nur wissen, was geschehen ist. Er will auch Hinweise darauf bekommen, was er davon denken soll, welche Haltung er zu dem Geschehen einnehmen kann. Wie sähe das im Falle unseres Brandes aus?

Kommentieren:
Brand im Asylbewerberheim

Nun ist sie also aufgegangen – die Saat des dumpfen Ausländerhasses, des tumben Rassismus, der Gewalt, die selbst vor Toten nicht zurückschreckt. Die Menschen unserer Stadt blicken verstört auf ein ausgebranntes Haus, auf 18 Verletzte, die nur durch den beherzten Einsatz der Feuerwehr vor dem Flammentod gerettet wurden. Der Bürgermeister stammelt ein paar Sätze

Beispiel

von »Betroffenheit« – und scheint sich dabei nicht klar zu werden, wie viel Schuld an der Eskalation der Gewalt seine Partei trägt. War es nicht seine Fraktion, die erst vor einem Vierteljahr die unsägliche Stadtratsdebatte über die so genannte »Überfremdung« unserer Stadt lostrat? War es nicht seine Partei, die den als Scharfmacher bekannten Stadtrat Meier unverdrossen deckte, obwohl seine fremdenfeindlichen Ausfälle schon vier Mal die Staatsanwaltschaft beschäftigt haben? War es nicht seine Partei, die im letzten Wahlkampf unverblümt Ressentiments vor Kopftüchern und dunklen Schnauzbärten zu schüren suchte, um Wählerstimmen zu fischen? Herr Bürgermeister: Sie müssen sich fragen lassen: Wie viel Mitschuld tragen Sie an den Flammen in der Müllerstraße?

Der Kommentar kann unterschiedliche Ausprägungen haben: Mal wägt er ab. Mal greift er an. Aber eines sollte er immer tun: Ein Kommentar bezieht Stellung. Denn nur so kann er einem Nutzer das geben, was er erwartet – Orientierung. Dies gilt genauso für die anderen Textsorten, die einordnen. Was wäre zum Beispiel eine Kino- oder Theaterkritik ohne die ausdrückliche Aussage, ob das Stück nun gut oder schlecht, sehenswert oder am besten zu missachten sei? In jedem Falle verlangt der Leser, Hörer oder Zuschauer eine klare Haltung von diesen Textsorten. (Wie man sie als Journalist schafft, klärt das Kapitel 6 ab Seite 101.)

Journalisten wollen informieren – und nutzen

Die vierte und letzte Art zu thematisieren ist jene Art, die man mit dem etwas sperrigen Begriff »Nutzwertjournalismus« bezeichnet. Diese Textsorten gelten als das Knäckebrot des

Zeitungs- und Zeitschriftenschreibers. Doch gerade die Nutzwertthemen sind zur Brot- und Butterbasis vieler Zeitungen und Zeitschriften von heute geworden – und zur journalistischen Bereicherung der traditionell eher Unterhaltung bietenden elektronischen Medien.

Was braucht ein Text, der seinem Leser Nutzen bieten will?

- was über die Aktualität der Nachricht hinausgeht und dem Leser Hintergrund, Orientierung und daraus resultierende Fakten für seine weitere Aktion bietet.
- was Nutzwert für den Leser bietet: Lösungen, die ihm helfen, sein Leben glücklicher, gesünder oder günstiger zu gestalten.
- was ihn auf eine unterhaltsame Weise informiert.
- was ihm komplizierte Sachverhalte und Hintergründe in die Sprache übersetzt, die er als Mediennutzer versteht.
- was ihm eine konkrete Handlungsanweisung anbietet, nach der er sich ohne weitere Option, sich zu informieren, richten kann.
- was die persönliche Meinung des Schreibers zurückhält.

Merke

Daraus wird eines klar: Ein Nutzwerttext gehört eigentlich nicht zum typischen Kanon der klassischen journalistischen Textsorten – wie etwa Nachricht, Bericht, Reportage oder Kommentar. Er kann, um seiner journalistischen Funktion gerecht zu werden, von allen diesen unterschiedlichen Textsorten etwas enthalten.

Nutzen: Brand im Asylbewerberheim

Die Hilfswelle für die Opfer des Brandes im Asylbewerberheim in der Müllerstraße rollt an. Unsere Leser fragen seit gestern immer wieder die Redaktion: Was können wir persönlich tun? Hier ein paar Hinweise:

Gebraucht wird als erstes Kleidung, vor allem Kinderkleidung. Gut erhaltene Stücke können Sie abgeben morgens zwischen 9 und 12 Uhr bei der Caritas-Sammelstelle in der Ottostraße 5, Stichwort: »Asylbewerberheim-Opferhilfe«

Die Kinder im Alter überwiegend zwischen 2 und 8 Jahren haben ihr gesamtes Spielzeug verloren. Gesucht werden gut erhaltene Kuscheltiere, Modellautos, Bewegungsspielzeug wie Bälle oder Gymnastikreifen, leicht verständliche Gesellschaftsspiele, Backgammon-Spiele. Sie können abgegeben werden in unserer Redaktionsgeschäftsstelle in der Willistraße 3 zwischen 9 und 18 Uhr.

Wer kann stundenweise Kinder betreuen? Viele der Opfer leiden unter Ängsten und Schlafstörungen, ein Stück Normalität wäre hilfreich. Bitte wenden Sie sich an den Sebaldus-Kindergarten in der Montessoristraße 11. Frau Schulze koordiniert dort Spielkreise für die betroffenen Kinder. Telefon: XXXXX...

Beispiel

Der Leser kann sich also selbst ein Urteil bilden, was er in welchem Umfang an Hilfe beisteuern kann und wie er diese Hilfe am besten umsetzt. Damit ist die vierte Art des Thematisierens deutlich: Es ist der Handlungsnutzen, den ein journalistischer Text seinem Leser, Hörer oder Zuschauer geben kann. (Wie man einen solchen Nutzwerttext gestaltet, behandelt Kapitel 7 ab Seite 131.)

3 Fakten und Meinung

Kann es einen objektiven Journalismus geben? Die Frage ist genauso alt wie der Journalismus selbst. Und auch die Philosophen aller Epochen haben sich diese Frage im Hinblick auf die Erkenntnis von Wirklichkeit immer wieder gestellt. Die erste Frage lautet: Was heißt eigentlich Objektivität im journalistischen Sinne?

Merke

Journalistische Objektivität – eine Annäherung

- präzise informieren = in größtmöglicher Übereinstimmung mit der Realität.
- neutral informieren = die Fakten sprechen lassen, nicht die eigene Meinung.

Doch das wirft einige Fragen auf: Wie verhält sich die widergespiegelte Darstellung von Realität in den Medien zu dem, was wirklich geschehen ist? Jeder, der zum Beispiel einmal Zeuge eines Autounfalls geworden ist, weiß, dass vermutlich die vier Zeugen vier verschiedene Darstellungen dieses Vorgangs haben und auch vier verschiedene Vorfälle beschreiben. Ja, es könnte sogar so sein, dass ein unbeteiligter Beobachter den Eindruck bekommen könnte, die vier Schilderungen hätten auf gar keinen Fall etwas miteinander zu tun. Dies ist also das erste Problem von Objektivität: das Problem der Widerspiegelung von Realität in einem Medium. Wir können es verkürzt als ein Problem der Erkenntnis von Tatsachen bezeichnen, mit dem sich der menschliche Geist in jeder seiner Äußerungen konfrontiert sieht.

Das zweite Problem der Objektivität ist der soziale Zusammenhang, in dem sich auch Journalisten bewegen. Denn Journalismus beschäftigt sich nicht abstrakt mit den Vorgängen in einer Gesellschaft, er ist zugleich auch immer ein Teil dieser Gesellschaft. Das würde bedeuten: Journalismus hat erst einmal aus sich heraus gar nicht die Fähigkeit zur Objektivität, da er stets ein Teil des Systems ist, über das er berichtet.

Das dritte Problem der Objektivität stammt aus dem Handwerk selbst. Seine Ursache ist die dem Journalismus eigene Technik der Auswahl, der Selektion. Denn Journalismus ist ja bekanntlich nicht das Erzählen in einer durch die Geschehnisse vorgegebenen Chronologie, nicht die Wiedergabe von Ereignissen in Tagebuchform. Journalismus ist vielmehr – wenn er funktionieren will – eine geformte Wiedergabe von Realität. Am Beginn dieser Formung liegt die journalistische Selektion: Das Interessante ist berichtenswert, nicht das Alltägliche. Wenn ein Hund einen Mann beißt, interessiert das niemanden – aber der eine Mann, der einen Hund beißt, gerät in jede Schlagzeile. Doch halten wir fest: Schon durch die dem Journalismus zugrunde liegende Technik der Selektion kann Objektivität gefährdet sein.

Ein viertes Problem der Objektivität schließlich betrifft die Persönlichkeit des Journalisten. Denn allen Bemühen um objektiven Zugang zu den Fakten zum Trotz können viele Journalisten erstaunlich oft die Trennung von Tatsachen und Meinungen nur unvollständig vollziehen. Allein bei den Tatsachen bieten sich immer wieder gewaltige Diskrepanzen. Deshalb konfrontiert der Nestor der deutschen Nachrichtenpublizistik, Walther von La Roche, in seinem Standardwerk zum Journalismus die Journalisten mit dem ebenso kühlen wie einleuchtenden Satz: »Die Fakten müssen stimmen!« Diese Forderung klingt banal – ist aber in Wahrheit eine der verzwicktesten Forderungen, die sich im journalistischen Alltag stellen. Deshalb gilt für die Frage der Fakten folgender Grundsatz:

Die Fakten – und wie man ihnen journalistisch möglichst nahe kommt

1. Niemals einer Quelle allein glauben schenken.
2. Vollständig und ausgewogen berichten – immer auch die andere Seite hören.
3. Die Methode der Erkenntnis anderen gegenüber transparent machen.
4. Nur Methoden nutzen, die unter Fachkollegen anerkannt sind.
5. Die Nachricht nach handwerklich anerkannten Kriterien selektieren.
6. Für Selbstkritik und Fremdkritik stets offen sein.
7. Eigene Interessen und Befangenheit konsequent prüfen und möglichst ausschließen.

Checkliste

Die klare Trennung von Fakten und persönlicher Meinung spielt in den Darstellungsformen eine entscheidende Rolle: Begreifen wir doch die journalistischen Darstellungsformen neben ihrer Art der Thematisierung (siehe Kapitel 2) auch unter der Einordnung von tatsachenbetonten Darstellungsformen auf der einen und den meinungsbetonten Darstellungsformen auf der anderen Seite:

Darstellungsformen: Unterscheidung nach Tatsache und Meinung

tatsachenbetont	meinungsbetont
Nachricht	Kommentar
Bericht	Glosse
Feature	Kritik/Rezension
Magazinstory	Feuilleton/Essay
Interview	Betrachtung
Porträt	Sportberichterstattung
Reportage	Karikatur

Merke

Es gibt unterschiedliche Methoden, die Darstellungsformen zu systematisieren. Die hier gewählte beruht auf der im Journalismus wesentlichen Unterscheidung zwischen Tatsachen und Meinungen. Doch benutzt diese Unterscheidung bewusst die Formulierungen »tatsachenbetont« und »meinungsbetont« – und zwar aus gutem Grund. Denn in Reinform sind diese Forderungen natürlich in keiner der genannten Textsorten zu finden.

Explizite Meinung versus implizite Meinung – so funktioniert es

explizit: (lat.: entfaltet) = Der Leser erfährt vom Autor in einer klaren Meinungsäußerung, dass zum Beispiel der Raum, den er betritt, unheimlich ist: »Ich betrete den Raum, und mir ist schlagartig unheimlich zumute!«

implizit: (lat.: verwickelt) = Der Autor beschreibt den Raum für den Leser so detailgetreu, dass im Leser das Bild entsteht, wie unheimlich der Raum sein muss: »Ich betrete den Raum und sehe schwarz: Schwarze Wände, schwarzer Boden, die Fenster von schwarzen Vorhängen verdunkelt. In der Mitte ein schwarzer Tisch, darauf zwei brennende Kerzen, die einen Totenschädel erleuchten.«

Merke

Was ist der Unterschied zwischen diesen beiden Annäherungen an das Thema? Im ersten Beispiel benutzt der Autor eine explizite Meinung. Dies ist dann nicht nur wünschenswert, sondern sogar absolut notwendig, wo diese Meinung vom Leser gefordert wird. Gefordert wird eine solche explizite Meinung in allen Textsorten der meinungsbetonten Gruppe. Was nämlich wäre ein Kommentar, der sich hilflos in der Aufzählung von Fakten verlieren würde und dabei vergisst, dem Leser die Meinung des Kommentators ohne Wenn und Aber mitzugeben?

Genauso fehl am Platze wiederum wäre eine solche explizite Meinung bei denjenigen Textsorten, bei denen die Nutzer einen raschen Überblick über die Faktenlage erwarten – und sonst nichts anderes. Eine Nachricht also, die über den Kern der Tatsacheninformation hinaus die persönliche Befindlichkeit des Korrespondenten thematisieren würde, würde bei vielen Nutzern aufgrund ihrer Erwartungshaltung der Textsorte gegenüber auf Befremden stoßen.

Tatsachen und Meinungen in den Darstellungsformen – Schätzwerte

Form	Gruppe	Tatsachen	Meinung	Status Meinung
Nachricht	tatsachenbetont	100 %	0 %	Keine Meinung
Bericht	tatsachenbetont	90 %	10 %	Einschätzungen
Feature	tatsachenbetont	75 %	25 %	Selektion implizit
Magazinstory	tatsachenbetont	50 %	50 %	Meinung implizit
Interview	tatsachenbetont	75 %	25 %	Fragen implizit
Porträt	tatsachenbetont	50 %	50 %	Position implizit
Reportage	tatsachenbetont	50 %	50 %	Selektion implizit
Kommentar	meinungsbetont	50 %	50 %	Meinung explizit
Glosse	meinungsbetont	10 %	90 %	Meinung explizit
Kritik/Rezension	meinungsbetont	60 %	40 %	Meinung explizit
Feuilleton/Essay	meinungsbetont	30 %	70 %	Meinung explizit
Betrachtung	meinungsbetont	20 %	80 %	Meinung implizit
Karikatur	meinungsbetont	10 %	90 %	Meinung explizit

Trotzdem gehören Tatsachen wie Meinungen beide als zentrale Elemente zum System der Darstellungsformen. Wichtig ist jedoch, sie für den Leser transparent zu machen, in der Nutzung der Darstellungsformen zu trennen und vor allem eines zu tun: Meinungen klar zu etikettieren. Deshalb werden Kommentare immer mit einer Namenszeile versehen und als Textsorte ausdrücklich gekennzeichnet.

4 Die tatsachenbetonten Darstellungsformen

Die Nachricht

Sie ist das Latein des Journalisten, das Knäckebrot des Volontärs, die handwerkliche Herausforderung an den Schreiber: Die Nachricht. Dafür gibt es drei Gründe:

Erstens: Die Nachricht ist die konzentrierteste Form journalistischer Darstellung.

Zweitens: Sie ist die am stärksten hierarchische Textsorte.

Drittens: Sie stellt den höchsten Anspruch an die Objektivität der Darstellung.

Hinzu kommt die Bedeutung der Textsorte für die Leser. Denn Nachrichten sind wichtig. Sie sind Mitteilungen von publizistischem Wert. Ihre Bedeutung für den Journalismus ergibt sich aus der Informationsfunktion der Medien. In einer pluralistischen Gesellschaft bildet ein Angebot sorgfältig recherchierter, glaubwürdiger und vielfältiger Nachrichten die Voraussetzung für das, was Staatsrechtler die »demokratische Willensbildung« nennen. Doch was sind gute Nachrichten?

Faktoren der Nachricht

Merke

- Die Sache, über die berichtet wird, hat in sich eine Bedeutung.
- Das Publikum interessiert sich für die Nachricht.
- Die Information, die die Nachricht liefert, ist aktuell.
- Die Information ist konzentriert und komprimiert.
- Die Information wird ohne Meinung dargeboten.

Eine Nachricht braucht eine Bedeutung

»Dieter Bohlen flieht nackt in den Wald!« – hat diese Meldung eine Bedeutung? Im Sinne der Nachricht wohl nicht. Viel bedeutsamer wäre eine Nachricht, die den Leser darauf aufmerksam macht, dass der Rohölpreis am Amsterdamer Markt über Nacht schon wieder um zehn Dollar gestiegen ist – und dass er sein Heizöl in einer Woche wahrscheinlich zu einem erhöhten Preis beziehen muss, wenn er jetzt nicht rasch handelt.

Nachrichten sind Informationen, nach denen der Leser sich im Zweifelsfall richten können sollte. Der nackte Popstar mit zweifelhaften Talenten mag unter Umständen für den Leser einer Boulevardzeitung – aus der die oben zitierte Zeile stammt – im Sinne eines tatkräftigen Voyeurismus unterhaltend sein: Bedeutsam ist diese Information jedoch unter den Gesichtspunkten einer redlichen journalistischen Nachricht nicht. Ob eine Nachricht nun im journalistischen Sinne bedeutsam ist, muss der Schreiber entscheiden.

Was ist für den Leser interessant?

Zweites Kriterium für die Nachricht: Das Publikum interessiert sich für ihren Inhalt.

Ist nämlich die Frage des Küchenzurufs geklärt, heißt es, die Frage zu beantworten: Ist mein Küchenzuruf, unter dem ich das Thema betrachte, für meinen Leser interessant? Die Journalistik-Wissenschaft kennt schon seit über 80 Jahren die so genannten »Relevanzkriterien des Journalismus« – also die Antwort darauf, wann eigentlich ein Text für den Nutzer interessant ist. Eine vereinfachte Form dieser Interessenkategorien kann man in zehn Gründe zusammenfassen:

Was ist eigentlich interessant?

Aktualität: Alles das, was neu, im besten Sinne »unerhört« ist, reizt dazu, wahrgenommen zu werden. Denn es stillt unsere Gier nach neuem, unsere Neugierde nach dem Wissen, wie die Welt wirklich ist.

Exklusivität: Alles das, was ich nur hier, nur aus dieser mir vorliegenden Quelle erfahren kann, reizt die Neugierde ganz besonders.

Die Störung des Alltäglichen: Nicht, dass heute wieder 500 Flugzeuge sicher gelandet sind will ich wissen, sondern die Geschichte des einen Flugzeugs lesen, das leider Gottes abgestürzt ist. Nachrichtenwert besitzt nur die Aktion, die das Alltägliche durchbricht.

Superlative: Zahlen, Daten, Fakten, ungewöhnliche Lösungen, die mich in Erstaunen versetzen: der Größte, Schnellste Dickste, Weiteste

Nutzwert: Alles, was mir ganz konkret weiterhilft, was mir Ratschläge zur Bewältigung meiner Situation gibt, nehme ich mit Interesse auf.

geografische Nähe: Alles das, was in meiner Nachbarschaft geschieht, zieht mich bei Weitem mehr in Bann als die Katastrophe bin Burkina Faso

persönliche Betroffenheit: Mein bester Freund leidet an Krebs – natürlich lese ich den neuesten Wissenschaftsreport über Erfolg versprechende Wege zur Heilung.

Emotion: Schrecken und Rührung sind die beiden Pole menschlichen Gefühls, um das sich ein Hauptinteresse des Medienkonsumenten dreht.

Menschen und Sex, Klatsch und Schadenfreude: Ein typisches menschliches Bedürfnis ist, mehr über den anderen zu wissen, als ich eigentlich sollte.

Unterhaltung: Lachen, Spaß, Entspannung – vor allem in elektronischen Medien der Löwenanteil des Programmangebots.

Merke

Was ist eigentlich aktuell?

Einen Augenblick wollen wir beim Thema Aktualität verweilen – und klären, wie man sie erhält und behält. Wie oft ist dieses Wort schon missverstanden worden? Aktuell sein – das klingt für viele Ohren einzig so wie: Brandneu, noch nie gehört, als das »Un-Erhörte« schlechthin. Gut und schön – dies ist sicher ein Teil dessen, was Aktualität ausmacht. Aber eben nur ein Teil.

Wer Aktualität erhalten und behalten will, sollte über diese Definition hinausdenken. Denn sie trifft nur einen Teil des umfassenden Begriffs. Unser Wort der Aktualität stammt nämlich – von der lateinischen Wurzel »actus«, »das Getriebenwerden« herkommend – aus dem Französischen. Dort bedeutet der Begriff »actuel« nichts anderes als »wirklich«.

Schon vor 2.500 Jahren prägte der Philosoph Heraklit in Ephesos seine später so genannte »Aktualitäts-Theorie«. Sie lehrt, dass ein unveränderliches, statisches Sein nicht möglich ist, da alle Dinge und alles Leben dem Gesetz der Veränderung unterworfen seien. Aktualität setzt also schon in ihrer Definition das Vorhandensein von Wandel, von Veränderung voraus.

Im Journalismus bedeutet Aktualität vor allem einen Gegenwartsbezug und damit augenblickliche Bedeutsamkeit für den Leser, Hörer oder Zuschauer – eine der grundlegenden Eigenschaften, die journalistische Darstellung haben muss, will sie in der Öffentlichkeit wahrgenommen werden.

Doch neben der engeren Bedeutung der Tagesaktualität des Ereignisses gibt es hier eine zweite Ebene der Aktualität, der sich vor allem die nicht tagesaktuellen Medien wie Zeitschriften oder Wochenzeitungen gerne bedienen. Es ist die so genannte Themenaktualität. Sie bezeichnet die Technik, Themen, die immer wieder für Menschen bedeutsam sein können, von Neuem auf die Agenda zu setzen und so im Bewusstsein der Öffentlichkeit zu halten.

Hier wird deutlich: Nicht allein das zeitlich Nahe, Gegenwärtige ist es, was Aktualität im Sinne von Wahrnehmungswert auszeichnet. Sondern zudem die genannte Reihe anderer Eigenschaften, die das Interesse von Menschen auf das lenken, was wir tun oder sagen.

Konzentriert und komprimiert – Aufbau und Länge der Nachricht

Die Nachricht ist hierarchisch aufgebaut: Sie bringt immer das Wichtigste zuerst. Dabei kümmert sich die Nachricht nicht um Chronologien oder den Ablauf in einer Zeitreihenfolge. Ein Beispiel dafür:

Chronologie der Nachricht

Wie würden Sie den folgenden Hergang erzählen?
Möglichkeit 1: »Also, ich habe heute Morgen so richtig schön in Ruhe gefrühstückt, zwei Brötchen mit Nutella gegessen, dazu zwei Tassen Milchkaffee getrunken; die Morgenzeitung habe ich auch kurz durchgeblättert. Dann habe ich meinen schwarzen Mantel angezogen, den Hut und die Aktentasche genommen, ach ja, den Schirm habe ich auch nicht vergessen, weil die Wolken draußen so aussahen, als könnte es jeden Augenblick regnen. Und bin dann raus auf die Straße. Ich gehe jeden Morgen beim Gemüsehändler gegenüber vorbei, wünsche ihm noch einen guten Tag, überquere dann beim Stadtpark die Hauptstraße, bis ich gegenüber zur Friedensallee komme. Und stell dir vor: Da plötzlich höre ich zwei Mal kurz hintereinander einen lauten Knall, ich wundere mich noch, und plötzlich: die Tür von der Bankfiliale springt auf und zwei Kerle, die mit Pistolen fuchteln, stürzen da raus, einer mit einem Sack in der Hand. Da war wohl

Beispiel

das Geld drin, was sie gerade geraubt haben. Und sie sprinten in einen grünen Wagen und brausen mit quietschenden Reifen los.«

Möglichkeit 2: »Mensch, stell dir vor: Ein Banküberfall direkt vor meiner Nase! Ich gehe gerade auf der Friedensallee zur Arbeit – da höre ich zwei laute Schüsse, zwei Kerle stürzen aus der Bankfiliale und rein in ein grünes Auto und ab! Hab ich einen Schreck bekommen – ich war doch bloß ganz harmlos auf dem Weg zur Arbeit, wie jeden Morgen. Und dabei hatte ich noch so gemütlich gefrühstückt...«

Die erste Möglichkeit hält sich an den Ablauf der Geschehnisse, erzählt mit Einbettung in den Tagesablauf das Herausragende; aber gerade dies ist nicht das, was der Journalist in der Nachricht macht; er erzählt nicht in Tagebuch-Chronologie oder epischer Breite, sondern konzentriert sich gleich im ersten Satz auf das Wesentliche: »Ein Banküberfall direkt vor meiner Nase!« Deshalb steht der Küchenzuruf bei der Nachricht an prominenter Stelle: Nämlich gleich im ersten Satz.

Diese Hierarchie klärt eine weitere Frage: Die nach der Länge der Nachricht. Eine Nachricht ist stets so lang, wie sie Neues, Interessantes und für den Leser Wichtiges mitzuteilen hat. Hat sie dies nicht mehr, so ist sie zu Ende. Deshalb kann eine Nachricht aus einem Fünfzeiler bestehen – die dann Meldung genannt wird. Und sie kann genauso gut als Nachrichtentext aus einem Zweispalter mit 50 Zeilen bestehen. Voraussetzung dafür ist die Tatsache, dass sie genügend Substanz und Interesse bietet, um den Leser über den gesamten Verlauf ihrer Präsentation zu fesseln.

Der Beginn der Nachricht – die ersten Sätze zählen

Damit hat gleich der Beginn der Nachricht eine Menge an Aufgaben zu erfüllen. Er muss den Lesern in komprimierter Form die Antwort auf zahlreiche Fragen geben. Aus der amerikanischen Nachrichtenpraxis nennt man diese ersten Sätze den Lead. Er ist der Einstieg in die Nachricht.

Da drängt sich die Frage auf, wie lang dieser Einstieg in die Nachricht sein darf. Die Antwort darauf lautet: So lang, bis das Wichtigste der Nachricht gesagt worden ist. Üblicherweise sind das ein bis drei kurze, knappe Sätze. Üblich sind als Grundgerüst für die Klärung der Tatsachen in Nachrichten die klassischen sieben Fragen. Diese sieben Fragen der Nachricht lauten:

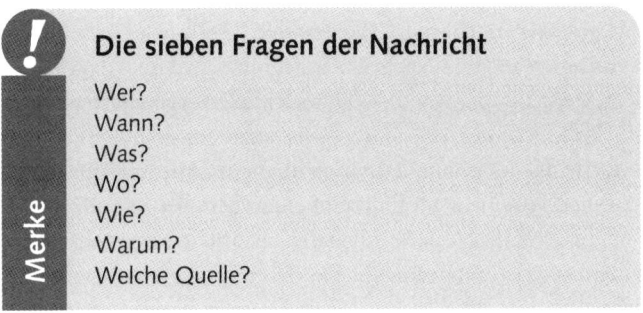

! Die sieben Fragen der Nachricht

Merke

Wer?
Wann?
Was?
Wo?
Wie?
Warum?
Welche Quelle?

Wie sieht das nun in der Praxis aus? Versuchen wir am genannten Beispiel des Banküberfalls die Anwendung der sieben Ws in der Praxis vorzuführen. Das sähe dann etwa so aus:

Beispiel	Wer?	Zwei Bankräuber haben
	Wann?	gestern gegen halb neun am Morgen
	Was?	die Kreissparkasse
	Wo?	in der Friedensallee überfallen.
	Wie?	Bewaffnet mit zwei Pistolen
	Warum?	erbeuteten sie 50.000 Euro.
	Welche Quelle?	Passanten berichten, dass sie in einem grünen Golf flohen.

Damit haben wir die wichtigsten Fakten des Vorgangs in drei kurzen, schmucken, weil überschaubaren Sätzen zusammengefasst. Der Leser ist beim ersten Durchlesen orientiert. Doch wer Nachrichten schreibt, sollte beachten: Es lohnt sich nicht, sich sklavisch an die hier genannten Ws zu klammern – weder in der Ausprägung, noch in der Reihenfolge. Denn jedes Geschehnis kann einen anderen Nachrichtenbeginn erfordern – dann nämlich, wenn beispielsweise im Unterschied zum genannten Banküberfall nicht der Vorfall des Bankraubs, sondern ein kurioses Geschehnis in seinem Zusammenhang im Vordergrund steht, etwa: »Rentnerin stellt Bankräuber ein Bein: Beute verloren!«

Deshalb kann, je nach Inhalt der Nachricht, der erste Satz mit einem jeweils unterschiedlichen W eingeleitet werden: Denn manchmal ist der Ort kurios, an dem ein Ereignis geschieht, manchmal kann das Motiv ungewöhnlich sein, das eine Handlung berichtenswert macht.

Wo?	In einer Damentoilette in der Platanenstraße
Wer?	versteckte ein 35-jähriger Bankräuber
Was?	30.000 Euro Beute aus einem Überfall in der Friedensallee,
Wann?	den er gestern Morgen gegen halb neun begangen hatte

Oder eine andere Möglichkeit, die in diesem Fall das Kuriose des Motivs der Tat zeigt, über die berichtet wird:

Warum?	Weil seine Frau mehr Haushaltsgeld haben wollte,
Was?	überfiel ein 35-Jähriger
Wann?	gestern Morgen gegen halb neun
Wo?	eine Bankfiliale in der Friedensallee.

Der journalistische Nachrichten-Altmeister Walther von LaRoche empfiehlt, die sieben Ws als nur die wichtigsten zu beachten. Zudem gibt es eine Menge von W-Fragen, die sich im Laufe der Nachricht beim Nachfragen ergeben können. Je nach Gegenstand fordert die Nachricht andere Details. Dabei gilt jedoch: Der Beginn der Nachricht sollte nicht wie eine Stopfgans mit Details überfrachtet werden. Nur das wichtige, überraschende Faktum, das die Interessenskategorien erfüllt, leitet die Nachricht ein.

Der Lead – Orientierung für den Leser

Der hierarchische Aufbau der Nachricht macht die Konzentration des Wichtigen am Anfang der Nachricht möglich. Die Hierarchie bedeutet, dass das Wichtigste zuerst kommt. Danach kommen in absteigender Wichtigkeit alle weiteren Fakten, bis es nichts Interessantes mehr zu sagen gibt. Das Lead dient den Interessen des Lesers: Er kann sich mithilfe dieser zumeist gefetteten Textgattung rasch auf der Zeitungsseite informieren. Titel, gegebenenfalls Unterzeile und Lead einer Nachricht sagen ihm in Kurzform, ob er die ganze Nachricht lesen muss – oder ob ihm das, was er gerade erfahren hat, ausreicht, um einen Eindruck davon zu bekommen. Wichtig ist es, schon hier einen Unterschied festzuhalten: Bei tagesaktuellen Medien in der Zeitung oder online hat der Lead, auch Vorspann genannt, eine fundamental andere Funktion als bei Magazinen oder Wochenzeitungen. Der Grund dafür ist der unterschiedliche Informationsansatz: Tageszeitungen präsentieren Ihre Informationen vorrangig unter dem Aspekt der Aktualität von gerade geschehenen Ereignissen. In ihrem Fall sprechen wir von Ereignis-Aktualität. Allein die Existenz einer Nachricht oder eines Berichts in einem tagesaktuellen Medium gibt also dem Nutzer die Botschaft mit: Das ist neu, das ist aktuell, das solltest du lesen.

Anders sieht das in den nicht tagesaktuellen Medien wie Wochenzeitung, Zeitschrift oder Monatsmagazin aus. Hier muss die Aktualität als Interessenkategorie von der Redaktion erst einmal eingesteuert werden: Als Themenaktualität, nicht als Ereignisaktualität, muss sie deshalb über den Lead, der in der Zeitschrift meist Vorspann oder Motto heißt, dem Leser nahegebracht werden. Dies geschieht nun gerade nicht mit der Technik, alles Wichtige im Voraus zu sagen. Im Gegenteil: Der Vorspann der Zeitschrift hat im Gegensatz zum Lead der Tageszeitung Leseanreiz als Ziel: Der Leser soll gewonnen werden, an der Magazinseite hängen zu bleiben, sich in den folgenden Text zu vertiefen.

Lead und Vorspann: Unterschiede

Funktion	Lead	Vorspann
Anwendung	Tageszeitung	Zeitschrift
Aufgabe	rasche Information geben	Leseanreiz wecken
Aufbau	wichtige W-Fragen stellen	wichtiges Detail anreißen
Ende	geschlossen	offen
Länge	2–3 Sätze	3–4 Sätze

Die Nachricht – kein Platz für Kommentare

Die Informationsfunktion der Nachricht macht deutlich: In dieser journalistischen Textsorte hat die Meinung keinen Platz. Deshalb hat die Nachricht keinerlei Kommentierung oder Wertung zu enthalten. Was würden wir von einer seriösen Tageszeitung halten, die uns mit folgenden Nachrichtenzeilen beglücken wollte:

Unpassende Nachrichtentitel

Beispiel

»Unfähige Minister beschließen miese Gesetze!«
»Gekaufter Schiedsrichter schenkt XY-Verein den unverdienten Sieg!«
»Firma XY verkauft ihre Schrottautos jetzt auch bei uns!«

Allerdings: Je näher eine Zeitung in Richtung Boulevard-Journalismus rückt, desto deutlicher werden die emotionalen und Meinungsanteile, die die Nachrichten in dieser Gattung besitzen. Dies liegt begründet im grundlegend unterschiedlichen Charakter von Nachrichten einer Abonnementszeitung und einer Boulevardzeitung. Letztere verkauft sich, wie es der Name andeutet, vorrangig mit ihren Nachrichten am Kiosk oder auf der Straße – und das jeden Tag neu. Abonnementszeitungen dagegen, so wie sie den überwiegenden Teil der Zeitungsproduktion in Deutschland ausmachen, werden jeden Morgen ins Haus geliefert – hier entscheidet die Titelzeile, anders als bei »Bild«, »Abendzeitung«, »Express« oder »Hamburger Morgenpost« nicht über die täglich verkaufte Auflage. Um diese Auflage zu stützen, bedient sich die Präsentation der Nachricht häufig im Lead eines emotionalisierenden ersten Satzes. Solche Sätze können sein:

Emotionale Lead-Einstiege in Boulevardzeitungen

Beispiel

»Die Benzin-Wut in Deutschland steigt weiter«
»Was soll man von einer solchen Mutter halten?«
»Die Bürger darben – und die Politiker stopfen sich die Taschen voll!«

In der seriösen Nachricht haben solche Lead-Einstiege keinen Platz. Doch ändert sich diese journalistische Regel ein wenig. Der Grund: Solche orientierenden Einstiegssätze helfen dem Leser, sich rascher in den nun folgenden Fakten zurechtzufinden. Seriöse Tageszeitungen benutzen zunehmend orientierende Einstiegszeilen, allerdings mit einem wichtigen Unterschied: Der Satz soll weniger emotionalisieren sondern die Information zusammenfassen und damit den Leser orientieren.

Genau diesen Unterschied erkennt man bei den Titelzeilen, so wie sie aus dem Boulevard zur Präsentation von Nachrichten bekannt sind. An diesen Zeilen erkennt man deutlich den Unterschied zwischen informierender und emotionalisierender Absicht journalistischer Tätigkeit. Als Beispiel für die unterschiedliche Präsentation derselben Nachrichteninhalte kann die Berichterstattung über den 11. September 2001 dienen. Seriöse Tageszeitungen titelten mit dem Faktenkern des Geschehens, etwa »Terrorangriff auf Amerika«; Die »Bild«-Zeitung brachte dagegen am 12. September die Zeile: »Großer Gott, steh uns allen bei!« Während nach dem Terroranschlag von Beslan die meisten Zeitungen mit der Zahl der Opfer aufmachten, fand eine Boulevardzeitung ihren eigenen Weg, dem Entsetzen über den Tod so vieler Kinder Ausdruck zu geben. Sie titelte schlicht: »Heute weinen alle Eltern!«

»Soft news« oder »hard news«?

»Dieter Bohlen flieht nackt in den Wald!« – hat diese Meldung eine Bedeutung? Wir haben festgestellt – im Sinne der öffentlichen Informationsaufgabe der Nachricht nicht. Aber doch für jenen Teil der Leser, die mit einer Nachricht das Wissen um einen Menschen, der für sie prominent erscheint, verbunden ist.

Deshalb unterscheidet der amerikanische Journalismus die so genannten »harten« von den »weichen« Nachrichten: Krieg, Politikerstreit und Groß-Konkurse gehören dabei zur ersten Gruppe, die Nachrichten, die sich dagegen vor allem mit Menschen, Prominenz, Klatsch oder Schadenfreude beschäftigen, gelten dagegen als weiche Nachrichten. Da journalistische Leistungen auch unterhaltende Bedürfnisse befriedigen, gehört diese zweite Kategorie auch zum Angebot seriöser Tageszeitungen – wie etwa die Meldungen zu Prominenten im »Panorama« der »Süddeutschen Zeitung«.

Bericht, Feature, Magazinstory

Der Bericht

Er ist die größere Schwester der Nachricht und grenzt sich von ihr durch eine Reihe von Eigenschaften ab: Durch die Länge, die Art der Informationen, die Art, wie Inhalte präsentiert werden. Der Bericht nimmt in der Familie der tatsachenbetonten Darstellungsformen die des großen, freundlichen Bruders ein: Er ergänzt die Schnelligkeit der Meldung und die Prägnanz der Nachricht durch Elemente wie eine erste nachrichtlich getriebene Einordnung und einen Hintergrund, der die Tatsachen des Berichts verständlicher werden lässt. Der Bericht nimmt also im Dreiklang zusammen mit Meldung und Nachricht die Rolle des umfassenden Darstellers ein. Deshalb wird der Bericht häufig auch als erstes mit einer Längendefinition versehen.

Längendefinition: Meldung – Nachricht – Bericht			
Textsorte	Meldung	Nachricht	Bericht
Länge	2–3 Sätze	8–40 Zeilen	bis zu 100 Zeilen
Elemente	nur Küchenzuruf	zudem weitere Ws	zudem Hintergrund

Diese Definition reicht jedoch nicht aus – zumal da der Bericht sich wiederum in unterschiedliche Textsorten aufspaltet. Halten wir als erstes einmal fest, was den Bericht in einer Tageszeitung von der Nachricht oder von der Meldung unterscheidet:

- Im Aufbau sind Bericht und Nachricht ähnlich: Sie beginnen mit dem wichtigsten der Botschaft, dem Küchenzuruf der Geschichte, die sie mitteilen wollen.
- Ebenso gilt das Prinzip der abnehmenden Wichtigkeit – allerdings verteilt über einzelne Absätze. Der Autor des Berichts hat also mehr Raum, dem Leser Einzelheiten mitzuteilen.

- Der Bericht kann deshalb, anders als bei der Nachricht, wichtige Aspekte mitliefern, die zum Verstehen des Geschehnisses nötig sind: Die Vorgeschichte, die zum geschilderten Ereignis gehört, die Schlussfolgerungen, die sich daraus für den Leser ergeben können.

- Der Bericht bedient sich im Unterschied zu Meldung und Nachricht weiterer Elemente: So zum Beispiel wörtlicher Zitate oder Zitate aus offiziellen Verlautbarungen, mit denen Einordnungen untermauert werden.

- Eine besondere Rolle spielt der so genannte Korrespondentenbericht: Hier darf auch der Journalist vor Ort Einschätzungen abgeben, um den Kontext für den Leser verständlich zu machen.

Wie sehen diese Unterschiede nun in der Praxis des Berichts aus? Nehmen wir der Einfachheit halber das Beispiel unseres Bankraubs in der Friedensallee und stellen ihn uns als Bericht vor. Wie müsste dieser Bericht gestaltet sein, wenn wir ihn morgen in unserer Lokalzeitung lesen würden?

Bankraub in der Friedensallee – ein Bericht

1. XY-Stadt. Zwei Räuber haben gestern Morgen gegen halb neun eine Filiale der XY-Bank in der Friedensallee überfallen. Sie bedrohten die beiden Kassiererinnen mit Revolvern. Als einer der Räuber zwei Schüsse in die Decke abgab, händigten sie ihm 30.000 Euro aus. Die Räuber flüchteten mit einem grünen VW-Golf in Richtung Autobahn. Noch fehlt von ihnen jede Spur.

2. Die Filiale der XY-Bank hatte gerade geöffnet, als sich die beiden maskierten Männer Einlass verschafften. »Sie steuerten geradewegs auf den Kassenschalter zu und richteten die Waffe auf die Kas-

siererinnen« berichtet ein Augenzeuge kurz nach der Tat. Ohne Vorwarnung gab einer der Täter zwei Schüsse in die Decke ab. »Unsere Mitarbeiter sind angewiesen, sofort das Geld herauszugeben« betont Zweigstellenleiter Wilhelm Müller. Das geschah dann auch. Keine 40 Sekunden, nachdem die beiden Maskierten die Filiale betreten hatten, waren sie schon auf der Flucht nach draußen.

3. Dies ist schon der dritte Banküberfall in XY-Stadt in diesem Jahr. Die Täter der beiden anderen Überfälle wurden bislang noch nicht ermittelt. Polizeisprecher Berthold Friedlich: »Die Methode ähnelt den beiden schon bekannten Fällen. Wir glauben, dass wir es mit den gleichen Serientätern zu tun haben.« Auf die Frage, welche Erkenntnisse die Polizei über den grünen Golf habe, der als Fluchtfahrzeug benutzt wurde, lehnte Friedlich eine Antwort ab: »Das würde unsere Ermittlungen gefährden.«

4. Mittlerweile haben in der Bank schon die Aufräumarbeiten begonnen. Die vier Mitarbeiter der Bank sowie zwei Kunden, die den Überfall miterlebten, stehen noch unter Schock. Alle sind zurzeit in psychologischer Betreuung. Eine der Kundinnen zu unserer Zeitung: »Es war schrecklich! Aber ich bin nur froh, dass die Räuber nicht auf Menschen geschossen haben!«

5. Die Schalterhalle wird am Donnerstagmorgen wieder für den Publikumsverkehr geöffnet. Die Polizei bittet alle Bürger zu erhöhter Wachsamkeit, sollte ihnen im Umfeld von Geldinstituten etwas auffallen. »Unser Augenmerk gilt vor allem jüngeren Männern, die dort längere Zeit verweilen und sich Notizen machen!« sagt Polizeisprecher Friedlich. Er bittet die Bürger: »Rufen Sie uns bei einer solchen Beobachtung sofort an. Wir können sofort klären, ob es sich um einen harmlosen Passanten handelt – oder um einen potenziellen Bankräuber!«

Beispiel

Fünf Akte hat das Drama – und auch ein guter Bericht: Schauen wir uns den Aufbau dieses Berichts genauer an. Er besteht aus fünf Absätzen, die fünf unterschiedliche Funktionen erfüllen. Der Auffindbarkeit halber sind diese Absätze durchnummeriert. Was sind nun die Funktionen der Absätze innerhalb eines Berichts?

Der erste Absatz ist die Exposition, die Einleitung. Im Bericht folgt er der Aufgabe des Leads der Nachricht. Seine Aufgabe hier: Die wichtigsten Fakten des Geschehens für den Leser darzulegen und den Küchenzuruf des Geschehens auf den Punkt zu bringen. Damit ist der Leser vorbereitet auf die nun folgenden Teile des Berichts.

Der zweite Absatz vertieft die Erkenntnisse über die Nachricht. Hier gibt es weitere Details und sogar so etwas wie journalistische Farbe – dort nämlich, wo Augenzeugen in wörtlicher Rede berichten. Hier erfährt der Leser jene Einzelheiten, die er aus der Nachricht nicht erhält.

Der dritte Absatz des Berichts dient folgerichtig der Einordnung des Geschehens. Wie viele Überfälle hat es in unserer Stadt in diesem Jahr schon gegeben? Was tut die Polizei? Hat sie schon eine Spur zu den Tätern? Dieser Teil wird in manchen Redaktionen auch als so genannter »VHS-Teil« bezeichnet, wobei die drei Buchstaben für den Begriff »Volkshochschule« stehen. Der dritte Absatz führt also über das Geschehen deutlich hinaus. Hier überschreitet also der Bericht die Aussage der Nachricht.

Der vierte Absatz dient dazu, die Folgen des Nachrichten-Ereignisses zu vertiefen. Wir kehren zurück von der Volkshochschule zur konkreten Situation der Beteiligten und Betroffenen. Die Fragen, die sich der Leser stellt, werden hier beantwortet: Was ist mit den Mitarbeitern? Wie geht es den Kunden? Ist die Schalterhalle schon wieder geöffnet? Auch hier zählt natürlich die über den Nachrichtencharakter hinausgehende Farbe zu den Besonderheiten des Berichts – durch Zitate, aber auch durch detaillierte Zusatzinformationen (»Alle sind zurzeit in psychologischer Betreuung.«)

Absatz fünf schließlich öffnet den Bericht für den orientierenden und in diesem Falle auch nutzwertigen Teil. Was kann ich als Leser nun erwarten? Was kann ich vielleicht sogar tun? Auf was muss ich mich bei der Bank, die gerade überfallen wurde, einstellen? Antwort darauf gibt der Schlussabsatz, der einerseits mit nutzwertigen Informationen aufwartet (»Die Schalterhalle wird am Donnerstagmorgen wieder für den Publikumsverkehr geöffnet.«) und andererseits mit Verhaltenstipps, was ich dazu beitragen kann, eventuell einen nächsten Überfall zu verhindern.

Wir finden also im Aufbau des Berichts nicht mehr die strenge Abfolge von Wichtigkeit der Nachrichtenelemente. Diese Hierarchie weicht der Dramaturgie eines Ansatzes, der den einzelnen Ansätzen eine spezielle Informationsfunktion zuweist. Fassen wir diesen Aufbau nochmals kurz zusammen – und vergleichen ihn mit der Dramaturgie eines klassischen Dramas:

Der Aufbau eines Berichts – Funktionen der Absätze

Absatz	Bericht	klassisches Drama
1. Absatz	Exposition, Küchenzuruf	Exposition, Klärung
2. Absatz	Vertiefung der Nachricht	Schürzen des Knotens
3. Absatz	Volkshochschule	Höhepunkt des Konflikts
4. Absatz	Detaillierung der Nachricht	retardierendes Element
5. Absatz	Nutzwert und Ausblick	Auflösung des Konflikts

Ein wenig mag die Analogie zum Drama verwundern. Doch bei genauerer Betrachtung entsprechen die hier aufgeführten Wesenseigenschaften dem Bedürfnis des Lesers nach einer Heranführung an ein Thema. Der Bericht portioniert die einzelnen Elemente des Geschehens, stellt sie unter unterschiedlichen Prämissen dar, geht über das Referieren der Inhalte hinaus und bietet zudem Einordnung und Deutung. Wichtig ist in diesem Zusammenhang allerdings: Die Einordnung und Deutung wird nicht vom journalistischen Autor vollzogen. Er lässt vielmehr als Ergebnis seiner Recherchen authentische Quellen zu Wort kommen, die wiederum für den Leser einen solchen Einblick kompetent und damit glaubhaft geben können. Deshalb verstößt auch der Bericht nicht gegen den Grundsatz der Trennung von Tatsachen und Meinung.

Exkurs: wörtliche und direkte Rede im Bericht

Wie wir sehen, erlaubt der Bericht das Zitieren – in direkter wie in indirekter Rede. Zitate beleben Texte, machen Sie glaubwürdiger, weil sie den Eindruck vermitteln, dass echte Menschen zum Leser sprechen. Ein paar Merkpunkte können dabei helfen, häufige Fehler zu vermeiden:

Fünf Regeln für richtiges Zitieren

1. Regel: Zitate sind Wortäußerungen. Sie dürfen – wie alles, was der Journalist wiedergibt – niemals erfunden, verfälscht oder sinnentstellend wiedergegeben werden.

2. Regel: Zitate haben einen Urheber: Üblicherweise wird der klar und deutlich genannt. Ausnahme: Wenn der Informant geschützt werden muss, dem Journalisten jedoch bekannt ist.

3. Regel: Zitate stützen einen Bericht, dominieren ihn jedoch niemals. Ansonsten wäre die Textsorte kein Bericht mehr, sondern ein Interview.

4. Regel: Bitte keine langen Passagen in indirekter Rede verfassen. Indirekte Rede distanziert den Leser

vom Geschehen und wirkt durch den verwendeten Konjunktiv umständlich und altbacken.

5. Regel: Wenn längere Passagen zu referieren sind, mit einer so genannten »salvatorischen Klausel« (zu Deutsch etwa: »Schutzklausel«) arbeiten. Das bedeutet: Sie machen die Quelle des nun folgenden Gesagten klar (»Die Mitarbeiter der Bank sagen Folgendes zu den Vorgängen:...«) und referieren den Standpunkt ohne Anführungszeichen im Indikativ, also der direkten Rede. Diese Klausel wirkt nach gängiger journalistischer Praxis einen ganzen Absatz lang.

Das Feature

Kaum eine journalistische Textsorte ist so wenig klar definiert wie das Feature. Der erste Grund dafür liegt allein schon in seinem Namen: Nur die wenigsten Journalisten selbst wissen, woher er stammt. Der Begriff bezieht sich auf das amerikanische Wort »feature«, was so viel wie »Eigenschaft«, »Gesichtszug«, »Wesensart«, »Besonderheit« oder »Eigenheit« meint. Lexika nennen mehrere unterschiedliche Deutungsweisungen für den Begriff. Er könnte …

- erstens den Hauptfilm eines Filmprogramms beschreiben,
- zweitens für Spielhandlungen überhaupt im Film stehen,
- drittens einen durch eine besondere Aufmachung gekennzeichneten Text- oder Bildbeitrag bezeichnen und
- viertens das in Radio und Fernsehen laufende Dokumentarspiel umschreiben, das in szenischen Elementen Fakten aufbereitet.

Diese Begriffsdebatte soll uns nicht weiter beschäftigen. Wichtig ist in unserem Zusammenhang der journalistischen Textsorte zu wissen, dass das Feature sich, journalistisch gesehen, stets mit einer Besonderheit, einem Charakteristikum eines Themas auseinandersetzt.

Dies tut es als Textsorte in besonderer Weise: Es ist nämlich – zumindest in der geläufigen Definition für gedruckte Medien – nichts anderes als eine konsequente Weiterentwicklung des Berichts. Deutlich wird das an einem Begriff aus der Journalistensprache, der ebenso schräg wie unverständlich klingt. In vielen Redaktionen ist nämlich die Rede vom »Anfeaturen«, in guter deutscher Aussprache: »Anfietschern«, wenn es darum geht, ein trockenes Thema mit einer lebendigen Szene appetitlicher zu kredenzen. Kurzum: Das Feature ist in einer solchen Sichtweise nichts anderes als der Bericht, der durch szenische Elemente den Leser besser an sich binden soll, als dies ein gewöhnlicher Bericht täte.

Damit steht das Feature zwischen Bericht und Reportage – Letzteres eigentlich keine berichtende Textsorte mehr, sondern eine erzählende (vgl. dazu die Gegenüberstellung auf Seite 58). Was sind seine wichtigsten Merkmale als Textsorte im Journalismus von Zeitung und Zeitschrift?

Merkmale des Features im Printjournalismus

Ein Feature ist eine berichtende Textsorte:
- Es berichtet wesentliche Punkte eines Themas.
- Es modelliert als Ausgangspunkt einen Fall zur Allgemeingültigkeit.
- Es berührt dabei Hintergründe und gibt Aufklärung und Orientierung.
- Es kann nutzwertige Ratschläge, Handlungsaufforderungen und Tipps enthalten.
- Es benutzt dabei Gestaltungsmerkmale der Reportage: Szene und Personalisierung; die Szene nimmt jedoch nur knappen Raum ein.

> **Merke**
> - Die Individualität der Agierenden bleibt im Feature blass.
> - Es berichtet Allgemeingültiges anhand der Schilderung eines speziellen Beispiels.
> - Es geht dabei immer vom Speziellen ins Allgemeingültige.

Wie aber sieht nun ein Feature in der Praxis aus? Halten wir uns wieder an das Beispiel unseres Bankraubs in der Friedensallee und versuchen, an dieser Stelle anhand von Einstieg und Schluss ein Feature zu diesem Themenkreis zu destillieren:

Der Feature-Einstieg

Titel: Die große Angst vorm nächsten Überfall
Unterzeile: Was Bankangestellte bei Überfällen erleben. Und wie sie damit fertig werden

1. »Hände hoch, oder es knallt!« Es sind die fünf Worte, die Elvira F., heute 43, sofort durch den Kopf schießen, wenn sie die Schalterhalle einer Bank betritt. Es ist Freitag, der 15. August 2006. Gegen 8 Uhr hat sie ihren Dienst in der Schalterhalle der XY-Bank in XY angetreten. Ein ruhiger Tag. Um 9.30 Uhr drängen zwei Maskierte in die Schalterhalle, schreien den Satz, den Elvira F. heute nicht mehr aus ihrem Kopf verdrängen kann. Die Männer ballern in die Luft und legen auf die Kassiererin an. »Her mit der Knete!« Elvira F. tut das, was sie in Planspielen ihrer Bank 50 Mal durchgekaut hat: Ruhig reicht sie die Geldbündel heraus. Die Gangster verschwinden. Als sie draußen sind, wird ihr schwarz vor Augen. Erst im Krankenhaus kommt sie wieder zu sich.

2. Jedes Jahr sehen sich rund 250 Kassierer in deutschen Geldinstituten mit einem Überfall konfron-

tiert. 800 weitere Bankangestellte und Kunden werden als Zeugen eines solchen Vorfalls erheblich verängstigt. Viele von diesen rund 1.000 Menschen, die jedes Jahr mit einem Banküberfall konfrontiert werden, schlafen schlecht, leiden unter Panikattacken, werden depressiv, weil sie Opfer einer Gewalttat geworden sind. Und da die Störungen nicht einfach mit der Zeit verschwinden, liegt die Zahl der Betroffenen in Deutschland zwischen 8.000 und 10.000, wie die Gesellschaft für Angewandte Traumatologie an der Universität in XX schätzt. »Die Dunkelziffer liegt noch höher!« sagt Prof. Dr. Rudi Knusefrunz von der Psychologischen Fakultät der Universität...

Dieser Einstieg macht exemplarisch klar, wie ein Feature funktioniert: Es beginnt mit einem konkreten Beispiel und führt im zweiten oder dritten Absatz – je nach Länge der einzelnen Absätze – den Leser in das allgemeingültige Thema heran. Dies würde sich im Fall unseres Beispiels wahrscheinlich so weiterlesen:

- zu Beginn der Argumentation das Expertenstatement,
- danach Erklärung der Störungen,
- Zahlen und Fakten, Häufigkeit der Störungen, Auswirkung auf die Betroffenen,
- Hinweise auf die Wege, den Betroffenen zu helfen, Therapiebeispiele,
- Erfolgschancen, Kosten der Behandlung,
- Ausstieg: konkretes Beispiel von Elvira F. nochmals aufnehmen.

An dieser Verteilung der Inhalte wird deutlich, wie stark berichtend das Feature aufgebaut ist. Die szenischen, also erzählenden Elemente, haben in dieser journalistischen Textsorte zwei Funktionen: Erstens die Aufgabe, Leserinteresse zu wecken und durch die Darstellung eines szenischen Beispiels zu fesseln. Und zweitens die Funktion einer Klammer: Da sich das Feature vorzugsweise auf die handelnden Personen der Eingangsszene zurückbezieht, erzeugt es für den Leser eine formale Geschlossenheit, die er schätzt.

Damit ist das Feature das Verbindungsglied zwischen den berichtenden und erzählenden Textsorten: Von den ersten nutzt sie die Redlichkeit der Tatsachendarstellung, von der zweiten benutzt sie den Charme des szenischen und der Personalisierung. Beides wird uns später noch beschäftigen.

Die Magazinstory

Eine weitere Ausprägung des Berichts ist jene Art der tatsachenbetonten Textsorten, die vor allen in Magazinen zu finden sind – hier an erster Stelle »Spiegel«, »Stern«, »Reader's Digest«, »Focus«, aber auch in den Titeln des Special-Interest-Marktes wie »Capital«, »Impulse«, »Eltern« oder Frauenzeitschriften wie »Brigitte«, »Freundin« oder »Maxi«. Der Name ist hier Programm: Es ist der große Bericht im Magazin. Um diese Textsorte genauer verstehen zu können, müssen wir uns zuerst einmal die besondere Funktion des Berichts in einem Wochen- oder gar Monatsmagazin vor Augen führen. Denn Printberichte in der Tageszeitung unterscheiden sich in manchen Eigenarten von denen in einem Magazin. Schauen wir uns diese Unterschiede in einer Übersicht an:

Zeitungsbericht und Magazinstory

Eigenschaft	Zeitungsbericht	Magazinstory
Länge	kurz bis mittel	mittel bis lang
Aktualität	durch Ereignis gegeben	meist selbst geschaffen
Aufmachung	textlastig	Bilder, Grafiken, Kästen
Hintergrund	wenig	viel
Nutzwert	häufig nicht vorhanden	häufig vorhanden
Einordnung	nicht erwünscht	deutlich kommentierend

An dieser Gegenüberstellung der Charaktere der berichtenden Textsorte erweist sich der Unterschied zwischen der Produktionsweise in Zeitung oder Zeitschrift: Die Zeitung reagiert tagesaktuell; ihre Aufgabe besteht vorrangig in der raschen Information ihrer Leser; Recherchen zu Hintergründen und Einordnungen sind oft aufgrund des enormen Zeitdrucks gar nicht möglich; in der Tageszeitung bleibt deshalb die Einschätzung des Korrespondentenberichts die einzige Orientierung in der berichtenden Textsorte.

Ganz anders im Magazinjournalismus. Zwar sind grundsätzlich alle journalistischen Redaktionen so genannte Tendenzbetriebe – das heißt, es gibt die Möglichkeit, sie einer publizistischen Idee zuzuordnen, die dann von der ganzen Redaktion befolgt werden sollte. Bestes Beispiel für solche Tendenzbetriebe sind zum Beispiel kirchliche Publikationen, die sich ausdrücklich für ihre jeweilige Konfession aussprechen. Aber gerade im deutschen Magazinjournalismus lässt sich für die meisten Publikationen eine eindeutige Positionierung feststellen – sei sie weltanschaulich oder politisch. So gelten »Stern« und »Spiegel« seit jeher her als vorzugsweise links und liberal eingestellt, »Reader's Digest« und »Focus« dagegen als konservativer.

Magazine machen – anders als Tageszeitungen – jedoch nicht nur offen mit ihren Kommentaren und Editorials oder sonstigen Meinungsbeiträgen Meinung. Sondern vor allem auch mit ihren Berichten. Der Begriff Magazinstory fasst diese Besonderheit des Zeitschriftenschreibens treffend zusammen. In der Auswahl der Themen, den Quellen der Recherche, der Selektion der Fakten, der Präsentation der Rechercheergebnisse bis hin zur Wortwahl beim Schreiben der Magazinstory können solche Tendenzen erkennbar sein. Vom Aufbau her gleicht die Magazinstory dem Feature, nutzt dessen Technik jedoch zu einer zusätzlichen Unterfütterung durch eine explizite oder implizite Meinung.

Magazinstory-Einstieg

Titel: »Wir warten auf den nächsten Knall!«
Unterzeile: Drei Banküberfälle in drei Monaten – und was tut die Polizei?

1. »Hände hoch, oder es knallt!« Es sind die fünf Worte, die Elvira F., heute 43, niemals mehr vergessen wird – seit jenem 15. August. An diesem Tag drängen zwei Maskierte in die Schalterhalle, ballern in die Luft und rufen »Her mit der Knete!« Elvira F. reicht die Geldbündel heraus. Die Gangster verschwinden, dann wird ihr schwarz vor Augen. Erst im Krankenhaus kommt sie wieder zu sich.

2. »Dies ist schon der dritte Überfall in diesem Jahr in unserer Stadt!« empört sich Friedhelm Kleingeld, Vorsitzender der Gewerkschaft der Sparkassenangestellten. »Was tut eigentlich die Polizei, um uns zu schützen?« Diese Frage stellen sich auch immer mehr verunsicherte Bankkunden in XY-Stadt. »Man traut sich ja kaum noch in eine Schalterhalle«, berichtet die Geschäftsfrau Jutta Juwel.

»Ich bin jedes Mal froh, wenn ich da heil wieder draußen bin!«

3. Dabei hat sie, statistisch gesehen, gute Karten, nie Zeuge eines Banküberfalls zu werden. Ganze 876 Jahre, so rechnet der Versicherungsmathematiker YY vor, müsse ein deutscher Bundesbürger täglich für eine Viertelstunde eine Bank besuchen, bis er Zeuge eines solchen Vorfalls werden könne. Doch die Statistik ist das eine. Die Vorgänge in XY-Stadt aber sprechen eine andere Sprache: Hier haben offensichtlich dieselben Gangster zum dritten Mal innerhalb dieses Jahres zugeschlagen.

4. »Wir tun, was wir können!«, beteuert Polizeipräsident ZZ und zuckt dabei mit den Schultern – eine Bewegung, die ein wenig nach Resignation aussieht...«

Die Magazinstory löst sich in ihrer Konstruktion von den Grundlagen der berichtenden Textsorten. Sie integriert Beobachtungen, Einordnungen und referiert ausdrücklich deutliche Meinungen, die in manchen Beispielen des real existierenden Magazinjournalismus nicht immer unbedingt durch das Prinzip gedeckt sind, auch die Gegenseite ausführlich zu Wort kommen zu lassen. Schauen wir uns den Aufbau dieses Beispiels an:

Der erste Absatz liefert eine szenisch dichte Schilderung des Geschehens; diese Präsentation führt sofort zur emotionalen Anteilnahme des Lesers am Schicksal der beschriebenen Person. An diesen emotionalen Auftakt schließt sich zur Verstärkung der Eingangsszene eine Einordnung durch Zitate an – ebenfalls ein emotionales Mittel, um den ebenfalls emotionalisierenden Küchenzuruf dieser Magazinstory deutlich zu machen. Hinzu tritt die Wahl der Informationen und der Sprache: Eindeutige

Zitate, die den Küchenzuruf stützen (»Was tut eigentlich die Polizei, um uns zu schützen?«) sowie durchaus tendenziös zu verstehende Verben (»empört sich«) unterstreichen den Hang der Magazinstory, Meinung zu transportieren.

Deshalb ist die Magazinstory als Textsorte nicht zu lösen von dem Ort, an dem sie publiziert wird. Sie steht nämlich in diesem Fall für ein publizistisches Programm. Ein klassisches Beispiel für diese Tendenz der Magazinstory lieferte vor fast dreißig Jahren Henri Nannen als Chefredakteur des »Stern« über Franz Josef Strauss. Der damalige bayerische Ministerpräsident schickte sich an, Bundeskanzler werden zu wollen. Nannen ließ ihn von hinten bei einer seiner Bierzeltreden fotografieren, zeigte Strauss' Nacken und Rücken auf einer Doppelseite und titelte vielsagend über den Beitrag: »Das Kreuz des Südens«. Und so las sich die Geschichte denn auch.

Magazinstory

- Die Magazinstory ist eine Weiterentwicklung des Berichts.
- Im Unterschied zum klassischen Bericht kann sie in der Praxis des Magazinjournalismus explizit und implizit Meinung bieten.
- Die Magazinstory kann nicht gelöst werden von dem publizistischen Organ, in dem sie erscheint.

Merke

Der Magazin-Report: Er ist oft nur eine Frage der Benennung, aber unerwähnt bleiben soll der Begriff dennoch nicht: Als Report wird in den meisten Magazinredaktionen eine Geschichte bezeichnet, die, oft modular aufgebaut, versucht, möglichst viele Aspekte eines Themas zu beleuchten. Dabei werden häufig sogar von unterschiedlichen Autoren zusammengetragene einzelne Geschichten unter einem Aspekt zusammengespannt.

Diese Geschichten können durchaus unterschiedlichen Textsorten entspringen: Die Auftaktgeschichte des Magazinreports ist üblicherweise eine kompakte Reportage, ein Feature, das nutzwertige Elemente enthält, kann sich anschließen. Abgerundet werden könnte solch eine Reportstrecke im Magazin beispielsweise durch ein Interview mit einem Experten oder Betroffenen oder durch das Porträt einer in diesem Zusammenhang wichtigen Person.

Der Zeitschriftenreport ist in den meisten Fällen keineswegs mehr eine eigene Textsorte, sondern bezeichnet vielmehr die Gestaltung einer thematisch verklammerten Zeitschriftenstrecke mithilfe unterschiedlicher Elemente. In Zeitschriften wie »Brigitte« oder in der Wochenzeitung »Die Zeit« wird er als »Dossier« bezeichnet – also als »Aktendeckel«. Als solcher wird der Inhalt natürlich nicht präsentiert. Unter der Bezeichnung Dossier können sich hier wiederum verbergen: Feature, Reportage, Magazinstory – oder ein einfacher Bericht, der auf szenische Elemente weitgehend verzichtet.

Üblicherweise bleibt der Report sachlicher als die Magazingeschichte. Er wägt – natürlich wieder je nach Standpunkt der Publikation, in der er erarbeitet wird – die Fakten gegeneinander ab. Häufig ist das Ziel des Reports, möglichst umfassend einen Zusammenhang zu diskutieren.

Die Zusammenstellung der wichtigsten Merkmale der genannten Textsorten hilft uns, bei der Abgrenzung der wichtigsten Eigenschaften zueinander:

Die Merkmale von Bericht, Feature, Magazinstory, Report und Reportage

Textsorte	Be-richt	Feature	Magazin-story	Report	Reportage
Länge	kurz	mittel	mittel-lang	lang	mittel-lang
Aktualität	hoch	mittel	gering	mittel	mittel-gering
Hintergrund	wenig	mittel	hoch	hoch	mittel
Nutzwert	wenig	mittel-hoch	mittel	hoch	wenig
Einordnung	wenig	mittel	hoch	mittel	mittel
Meinung	keine	mittel	hoch	mittel	keine

5 Die erzählenden Darstellungsformen

Auch Berichte können erzählen – das haben wir bei der Analyse des Features und der Magazinstory, die sich schon in die Richtung der nächsten Gruppe der Textsorten vorwagt, bemerkt. Wenden wir uns nun den drei eigentlich erzählenden Textsorten zu, die im Journalismus verwendet werden. Erzählend heißt: Hier wird über die Darstellung der Vorgänge, Fakten und Ergebnisse von Handlungen hinaus versucht, den Verlauf von Aktionen, Handlungen, Gedanken und ausgesprochenen Ideen journalistisch zu verarbeiten.

Das Interview

Die bestechende weil einfachste Definition des Interviews: Eine journalistische Textsorte, die Rede und Gegenrede, Frage und Antwort in wörtlicher Rede gegenüberstellt. Doch damit ist die Besonderheit dieser Textsorte noch nicht gefasst. Stellen sich doch vor einer Entscheidung für die Textsorte Interview zwei Fragen. Erstens: Ist der Stoff, den ich hier zu bearbeiten habe, dazu geeignet, in Interviewform wiedergegeben zu werden? Und zweitens: Wenn ich ein Interview mache, welches Ziel verfolge ich als Journalist damit? Also gilt es festzustellen, ob die Textsorte Interview im vorliegenden Fall für die journalistische Kommunikationsaufgabe überhaupt geeignet ist.

Wann ein Thema nicht für ein Interview geeignet ist

- Ich habe viel zu erklären, damit der Leser versteht, worum es geht.
- Zum Verständnis des Themas braucht es eine Menge Vorwissen.
- Menschen sind zum Verständnis des Themas eigentlich nicht so wichtig.
- Ich will keine subjektiven Ansichten und Einschätzungen in Erfahrung bringen.

Merke

Trifft eines oder mehrere dieser Fakten zu, versuchen wir es besser mit der Textsorte des Berichts oder einer seiner anderen Ausprägungen. Denn ein Interview eignet sich nicht primär zur Vermittlung von Wissen – obwohl es das auch leisten kann, wenn die Fragen und Antworten kurz und prägnant gehalten werden. Seine Hauptfunktion ist eine andere:

Funktion des Interviews

Der Reiz des journalistischen Interviews liegt in der Möglichkeit von Frage und Antwort, direkter Reaktion auf Rede und Gegenrede und damit in der Chance, eine lebendige Diskussion für den Leser, Hörer oder Zuschauer nachvollziehbar zu machen. Dies gelingt jedoch nur durch die richtige journalistische Bearbeitung. Das Interview ist die am meisten bearbeitete Textsorte, was Dramaturgie und Sprache im Verhältnis zum Original des mündlich geführten Dialogs angeht.

Merke

Damit sind wir bei einer wichtigen Unterscheidung: In digitalen Medien spielt das Interview eine dominierende Rolle – denn Film, Fernsehen und Radio leben davon, Gespräche mit

Menschen zu präsentieren. Auch diese Gespräche werden, bis auf den Anteil von wenigen Prozent, die als so genannte Live-Interviews geführt werden, journalistisch bearbeitet. Sie werden geschnitten, das heißt: Aus manchmal 30 Minuten Aufnahmen erscheinen abends beispielsweise in der Magazinsendung »Report Baden-Baden« ganze 10 bis 15 Sekunden lange Ausschnitte aus zwei Antworten. Diese Form der Bearbeitung ist jedoch eine völlig andere als die für das Interview in Zeitung oder Zeitschrift – oder auch für das verschriftete Interview, das auf der Website dargeboten wird. Hier geht es nämlich um die Regeln einer Textsorte. Und dafür gilt:

Wenn ich eine interessante, wichtige, prominente oder sonst wie attraktive Person vor mir habe; wenn diese Person bereit ist, mir zu sich selbst, ihren eigenen Überzeugungen und Meinungen oder Handlungen Auskunft zu geben; oder wenn diese Person von so profunder Beschlagenheit in einem speziellen Thema ist, das ich von ihr exklusive Informationen erwarten kann, die mein Leser voraussichtlich mit Interesse aufnehmen wird: Dann sollte ich zur Textsorte des Interviews greifen.

Hier sind schon die drei wichtigen Formen dieser Textsorte angerissen. Journalisten unterscheiden üblicherweise vier Formen journalistischer Gesprächssituationen:

1. das *Recherchegespräch* zur Sicherung von Informationen: Bis auf wenige Zitate üblicherweise nicht zur Publikation vorgesehen, dementsprechend auch keine journalistische Textsorte.

2. das *Interview zur Sache:* Ein Gespräch mit Frage und Antwort, um einen Sachverhalt aufzuklären, für den der Interviewpartner kompetent und wichtig erscheint (»Wie kann man sich vor Banküberfällen schützen?«).

3. das *Interview zur Meinung:* Ein Gespräch zur Ergründung des ausdrücklichen Standpunkts eines Menschen zu einem bestimmten Thema (»Warum glauben Sie, dass die Polizei

in der Bankraub-Affäre bisher keinen Fahndungserfolg erzielen konnte?«).

4. das *Interview zur Person:* Ein Gespräch, um dem Charakter eines Menschen nahezukommen, der für die Leser in einem bestimmten Zusammenhang von Interesse sein kann (»Sie sind Spezial-Ermittler bei der Polizei und wollen den Bankräuber aufspüren. Wie sind Sie auf diesen Beruf gekommen?«).

Versuchen wir, am Beispiel unseres Bankraubs eine Interviewsituation mit dem Polizeipräsidenten der Stadt zu gestalten – ein Interview zur Sache also, das das Potenzial enthält, kritische Nachfragen auszulösen:

Interview zur Sache

Frage: Herr Polizeipräsident, drei Banküberfälle in drei Monaten – ist das nicht ein bisschen viel für eine Stadt mit 85.000 Einwohnern?

Antwort: Nun – dies ist gewiss keine schöne Zahl. Aber wir tun alles in unser Macht stehende, um den Tätern auf die Spur zu kommen.

Frage: Das kann so viel noch nicht gewesen sein. Auch nach dem dritten Überfall ist in der Öffentlichkeit noch nichts von einer heißen Spur bekannt. Haben Sie eine?

Antwort: Wir verfolgen unterschiedliche Spuren. Aus der Bevölkerung sind uns insgesamt schon 73 verschiedene Hinweise bekannt geworden. Die Sonderkommission »Bankraub« prüft alle diese Spuren sehr sorgfältig...

Frage: Verzeihen Sie, Herr Polizeipräsident: Haben Sie eine heiße Spur?

Antwort: Die bisherigen Ergebnisse lassen uns Mut schöpfen, aber wir sind noch nicht so weit, einen

Beispiel

konkreten Fahndungsaufruf zum Beispiel mithilfe der Medien formulieren zu können.

Frage: Zwei Maskierte, ein grüner VW-Golf, Stimmen, Bilder: Sind das keine Spuren, die weiterhelfen? Woran liegt es, dass Ihre Fahnder nicht weiterkommen?

Antwort: Sie kommen ja durchaus weiter. Allerdings sind viele der uns zur Verfügung gestellten Informationen so widersprüchlich, dass sich nicht auf Anhieb ein geschlossenes Bild der Tatausübung zeichnen lässt.

Frage: Im Klartext – heißt das nun: Ihre Mitarbeiter tappen immer noch im Dunkeln, was die Frage nach den Tätern angeht?

Antwort: Wenn Sie das so ausdrücken wollen, muss man wohl sagen – ja...

An diesem Beispiel zeigt sich, wie ein Interviewer versucht, an die Informationen zur Sachlage heranzukommen. Da er nun zur Sachlage selbst keine weiteren Informationen bekommt, konzentriert er sein journalistisches Erkenntnisinteresse auf die Tatsache, dass der Interviewpartner keine Tatsachen mitzuteilen hat – was im Fall unserer Banküberfälle kein gutes Bild auf die Arbeit der Polizei zu werfen droht.

Das geglückte Interview – Vorbereitung ist alles

Um gute Interviews führen zu können, bedarf es vor allem einer Einsicht: Ohne Vorbereitung auf das Thema und den Gesprächspartner geht gar nichts. Denn nichts ist peinlicher, als zum Beispiel ein Interviewgespräch zu eröffnen, und dabei den Partner mit einem falschen Namen, einem nicht passenden Titel oder gar einer völlig unzusammenhängenden Funktion anzusprechen. Nur wer sich auskennt, kann souverän und offen auf seinen Gesprächspartner zugehen:

Vorbereitung des Interviews – Warum?

Merke

- um das Thema zu verstehen und die richtigen Fragen zu stellen,
- um sich vom Gesprächspartner nicht über den Tisch ziehen zu lassen,
- um zu wissen, was den Leser am Thema am meisten interessiert,
- um die Entscheidung für die richtige Präsentationsform zu finden,
- um eine gute Atmosphäre zum Gesprächspartner aufzubauen.

Zur Vorbereitung gehört, sich Rechenschaft darüber abzulegen, was man von seinem Gegenüber will. Will ich meinem Leser etwas über eine Sache mitteilen, zu der er etwas weiß? Will ich ihn vorstellen, seine Meinung hören? Was ist noch zu bedenken, wenn man ein Interview vorbereitet? Eine Checkliste:

Wie muss ich mich für ein Interview vorbereiten?

Checkliste

1. Definieren Sie den Zweck Ihres Interviews vorweg: Was wollen Sie erfahren?
2. Suchen Sie sich die nötigen Fakten, um Fragen zu stellen.
3. Definieren Sie einen Grundbestand an Fragen.
4. Halten Sie sich nicht starr an diese Frageliste, seien Sie offen für Antworten.
5. Prüfen Sie Ihre Ausstattung: Batterien des Rekorders voll, Bleistift gespitzt?
6. Sind Raum und Zeit gut gewählt? Ist das Gespräch ungestört?
7. Achten Sie auf Ihre Körpersprache: Seien Sie offen für den Gesprächspartner.

Eine oft gestellte Frage lautet: Lasse ich ein Tonband mitlaufen? Und schreibe ich das hinterher wortwörtlich ab? Die Antworten dazu lauten: Im ersten Fall ja. Der Grund: Allein zur Dokumentation des Interviews und zum Nachhorchen, was der Gesprächspartner an wichtigen Stellen gesagt hat, ist eine technische Mithilfe unerlässlich.

Die Antwort auf die zweite Frage lautet: Nein! Denn ein Wortprotokoll verhindert in den meisten Fällen, das der Interviewschreiber sich so zwanglos mit den Aussagen beschäftigt, dass ein spannender und lesbarer Text dabei entsteht. Denn eines muss man für die Textsorte des journalistischen Interviews festhalten:

Interview und Bearbeitung

Kaum ein gutes Printinterview wurde in Wirklichkeit jemals so gehalten, wie es hinterher in Druckform in Zeitung oder Zeitschrift erschien. Das Geheimnis eines Interviews, das für den Leser interessant, spannend, anrührend oder hilfsweise alles drei auf einmal ist, ist die fundamentale Bearbeitung des Textes – von der Reihenfolge des Gesagten über die Dramaturgie des Textes bis hin zu Satzbau und in manchen Fällen sogar bis hin zur Wortwahl.

Merke

Entscheidend für den Erfolg des Interviews sind die Fragen, die der Journalist stellt. Das will geübt sein. Denn wenn ich nicht von Anfang an klar weiß, was ich eigentlich von meinem Gesprächspartner in Erfahrung bringen will, werde ich ein Problem damit haben, eine klare, fundierte Frage zu formulieren. Und das wiederum hat Auswirkungen auf die Antwort: Auf unklare Fragen wird der Journalist auch unklare Antworten erhalten. Und das kann nicht sein Ziel sein.

Wie stelle ich meine Fragen?

Checkliste

1. Stellen Sie offene Fragen, wenn sie mehr Preisgabe der Person erwarten.
2. Stellen Sie geschlossene Fragen, wenn Sie Entscheidungen fordern wollen.
3. Fragen Sie bitte nur die richtige Person – die, die eine Antwort geben kann.
4. Stellen Sie immer nur eine Frage auf einmal.
5. Vermeiden Sie verwickelte Fragen und Co-Referate zu den Antworten.
6. Haken Sie nach, wenn eine Antwort sie nicht befriedigt.
7. Stellen Sie Kontrollfragen, um Ausweichen bei Antworten entgegenzutreten.

Was sind offene Fragen? Das sind jene Fragen, die dem Interviewpartner Gelegenheit geben, etwas über sich oder den zu erfragenden Umstand zu erzählen (»Was haben Sie in dem Augenblick gemacht, als die beiden maskierten Männer die Bank betraten?«). Geschlossene Fragen dagegen verlangen nach einer präzisen Antwort im Sinne von »ja« oder »nein« (»Haben die Männer auf Sie gezielt?«) oder einer konkreten Zahl (»Wie viel Geld war in dem Beutel, den Sie den Männern gegeben haben?«). Üblicherweise wird ein Interview mit einigen Fragen zum Anwärmen des Gesprächs geführt. Diese sind meist offen gestellt (»Erzählen Sie doch, wie war die Fahrt hierhin?«), um einen Boden für eine gute Gesprächsatmosphäre zu bereiten.

Wenn die Fragen gestellt, die Antworten gesichert sind, beginnt die Arbeit am Interviewtext. Habe ich jene Antworten erhalten, die ich laut meinen Intentionen bekommen wollte? Ist mein Interviewpartner deutlich genug? In welcher Reihenfolge sollte ich die Fragen und Antworten präsentieren? Und was ist meine erste, was ist meine letzte Frage, so wie ich sie dem Leser präsentiere?

Eine bloße protokollarische Abschrift von Rede und Gegenrede erfüllt nicht den Sinn eines journalistischen Interviews. Nun ist die formende Hand des Journalisten gefragt. Wie baut er nun eine Dramaturgie in das Material, das ihm sein Gespräch eingebracht hat? Um diese Form zu finden, gibt es unterschiedliche Möglichkeiten der Aufbereitung:

1. Rede und Gegenrede: Hier bleibt die Interviewsituation während des gesamten Gesprächs konsequent erhalten.

2. Fragen und Beobachtungen werden miteinander verbunden: Der Interviewer geht über seine Rolle als Fragesteller hinaus und wird zugleich Beobachter seines Gegenübers. Dies hat für Texte in Zeitung und Zeitschrift den Vorteil, das er sichtbar machen kann, was der Leser sonst nicht erfahren würde.

3. Interviewpassagen und Berichtsform wechseln sich konsequent ab: Hier kommt es zu einer Zwischenform zwischen berichtenden und erzählenden Textsorten: Beide Formen umschränken sich. Der Vorteil dieser Form: Wissenswertes kann in die berichtenden Passagen eingebaut werden.

Wie weit darf der Journalist einen Interviewtext bearbeiten? Diese Frage kann man positiv so beantworten: immer so weit, dass die Aussagen des Interviews prägnant und verständlich für den Leser präsentiert werden. Hinzu kommt eine wichtige Tatsache: Gesprochene Sprache und geschriebene Sprache unterscheiden sich voneinander. Wenn wir die wörtliche Mitschrift von freier Rede lesen, fällt uns auf, das häufig Sätze im Nichts versanden, unvollständig bleiben, Bezüge falsch gewählt werden und Wörter und Satzteile oft unverbunden nebeneinander stehen. Die Aufgabe, fehlende Bezüge, falsche Zuordnungen und ausufernde Sätze in ein verständliches, klares und präzises Deutsch zu übersetzen, übernimmt für den Leser der Journalist, der das Interview bearbeitet. Dabei gilt folgende fundamentale Regel:

Darf man Interviews bearbeiten?

Ein Interview muss bearbeitet werden, bevor es gedruckt wird. Dabei gilt die Regel, dass durch die Bearbeitung keine Verfälschung des Inhalts, keine Missdeutung des Gesagten und keine Verdrehung von Tatsachen und geäußerten Meinungen eintreten darf.

Merke

Was also darf ein Interviewer mit einem Interviewtext machen? Die wichtigsten Regeln seine hier in Kürze aufgeführt:

Wie bearbeitet man ein Interview?

- die Reihenfolge der Fragen verändern: Wenn es der Dramaturgie des Interviews dient, darf und muss der Autor die Reihenfolge der Fragen, so wie er sie gestellt hat, verlassen.
- den Satzbau ändern: Gesprochene Sprache unterscheidet sich stark von geschriebener Sprache.
- alles Unwichtige weglassen und gnadenlos kürzen: Was nichts mit dem Küchenzuruf des Interviews zu tun hat, wird gnadenlos herausgestrichen.
- Fremdwörter übersetzen: Unverständliche Wendungen, Wörter und Fachbegriffe werden entweder im Interview selbst durch Nachfragen (»... das heißt was?«) erläutert oder beim Redigieren des Textes behutsam übersetzt.
- die Ausnahme: Wenn ein besonderer Stil des Interviewten deutlich gemacht werden soll – sei es aus Gründen der Authentizität, sei es aus dem Grund, den befragten ironisch vorzuführen – lässt man bewusst Sprachsünden, Marotten und andere Besonderheiten in der Druckversion zu.

Merke

Autorisierung – ja oder nein? Autorisierung ist jene branchen-
übliche Abstimmung, die bei allen grossen Interviews vorge-
nommen wird. Autorisierung bedeutet: Der Befragte oder seine
Beauftragten erhalten vor dem Druck des Interviews den Text
zur Ansicht und damit auch die Gelegenheit, Formulierungen
zu ändern. Dies dient einerseits der Absicherung des Interview-
ers und durchaus auch zum Teil der Erfüllung seiner Sorgfalts-
pflicht. So kann es etwa bei Special-Interest-Zeitschriften oder
Fachzeitschriften im vitalen Interesse des Redakteurs liegen, sich
bei kniffeligen Sachfragen nochmals der Kontrolle des Experten zu versichern. Autorisierung erfüllt also hier die Funktion
einer Qualitätskontrolle.

Autorisierung – wann?

Name	Merkmal	Autorisierung	Bemerkungen
Zitat im Lauftext	unzusammen-hängend	nicht erforderlich	auf Verlangen ja
Kurz-Interview	zu einem Thema	nicht erforderlich	bis zu vier Fragen
Volltext-Interview	zusammen-hängend	erforderlich	dient der Sorgfalts-pflicht

Zwar ist offensichtlich nach der Überarbeitung der Presserats-
Richtlinie 2.4 klar, dass eine Autorisierung aus presseethischer
Sicht nicht immer zwingend notwendig ist. Doch die Situation des Interviews ist rechtlich gesehen eine Besonderheit:
Sie beruht auf einem Vertrag zwischen dem Interviewer und
dem Interviewten. Und schon mit dem schlichten Satz: »Das
kriege ich aber nochmals vor Drucklegung vorgelegt!« ist die
Forderung nach Autorisierung in diesen auch mündlich gül-
tigen Vertrag mit aufgenommen, falls der Interviewer nicht
ausdrücklich widerspricht.

Wichtig werden die Regeln der Autorisierung vor allen bei kontroversen Interviews, zum Beispiel zu Themen wie Politik, Wirtschaft oder innerer Sicherheit. Doch die Auseinandersetzung lohnt sich in den meisten Fällen. Denn der Text soll ja vor allem dem Leser dienen und nicht dem Interviewten. Wie aber gehen Journalisten am besten mit der Frage der Autorisierung um?

Vor allem der letzte Tipp kann in der Diskussion sehr hilfreich sein. Denn wir sollten immer mit der Eitelkeit der Interviewpartner rechnen – die möchten schließlich auch gerne, dass ihr Text publiziert wird. Und ein Hinweis darauf, dass die Redaktion bei weiteren Eingriffen in den Text auf die Publikation des Interviews gerne verzichtet, hat schon manche unsachgemäße Forderung eines Interviewten verhindert.

Wie man Interviews autorisieren lässt

1. Klären Sie gleich vor dem Interview die Regularien: Besteht der Interviewpartner auf einer Autorisierung? In welchem Zeitrahmen muss sie geleistet werden?

2. Erläutern Sie am Ende des Interviews Ihr Vorgehen bei der Bearbeitung des gerade gehaltenen Interviews: (Kürzung, Straffung, Betonung des Küchenzurufs, Übersetzung von Fachbegriffen, Umstellung der Dramaturgie).

3. Erläutern Sie Ihrem Interviewpartner, für welche Zielgruppe das Interview bearbeitet wird und welches Maß an Bearbeitung dafür nötig ist, damit es in dieser Zielgruppe richtig verstanden werden kann.

4. Senden Sie die Autorisierung rechtzeitig und mit einigen erklärenden Worten zu – und ihrem Eindruck von der Qualität des Geleisteten.

5. Verhandeln Sie mit dem Interviewpartner, indem Sie mit journalistischen Sachkategorien argumentieren (»Dieses Fremdwort verstehen unsere Leser nicht«,

oder: »Dieser Satz hat 32 Wörter – er ist damit doppelt so lang wie das, was der durchschnittliche Leser einer Zeitung verstehen kann!«).

6. Vermeiden Sie Wert- und Geschmacksurteile im Verhandeln über den Text.
7. Lassen Sie keine Änderungen an ihren eigenen Fragen zu.
8. Im Notfall: Verzichten Sie auf die Publikation des Interviews, wenn Ihnen die Eingriffe in den Text zu gravierend erscheinen.

Das Porträt

Ein Porträt hängt üblicherweise an der Wand: Mit Öl, Kreide oder Bleistift gemalt, hält es den Anblick eines Menschen in einem bestimmten Augenblick fest, den der Künstler herbeigeführt oder sich vorgestellt hat. So ähnlich gilt das auch für das Porträt – die zweite der erzählenden Textsorten: Hier wird der Künstler durch den Journalisten ersetzt, der sich einem Menschen, seiner Persönlichkeit, seinem Tun, seiner Wirkung nach außen versucht zu nähern.

Warum werden Porträts geschrieben? Journalisten haben unterschiedliche Gründe, einen Menschen in den Mittelpunkt ihrer Betrachtung zu rücken. Erstens stehen Menschen, wie wir bei der Betrachtung der journalistischen Interessenkategorien erfahren haben (siehe Kapitel 4 ab Seite 30) automatisch im Interesse der Leser. Denn kaum etwas ist so interessant für sie wie andere Menschen. Zweitens bietet die Annäherung an ein Thema über den Menschen eine ganze Menge Möglichkeiten, auch abstrakte Vorgänge anschaulich zu erzählen. Welche Faktoren führen dazu, dass ein Journalist für seine Arbeit die Textsorte Porträt wählt?

Voraussetzungen für ein Porträt

- Es gibt einen Menschen, der in meiner Geschichte, die ich erzählen will, eine maßgebliche Rolle spielt.
- Diese Rolle ist so beschaffen, dass sie Rückschlüsse auf die speziellen Eigenheiten dieses Menschen zulässt.
- Ich habe zudem die Möglichkeit, als Journalist nicht nur die äußeren Handlungsschichten des Menschen zu recherchieren – sondern zusätzlich

auch Beweggründe und Charakterzüge, die dem
Leser ein lebendiges Bild dieses Menschen zu vermitteln vermögen.

- Ich enthalte mich als Journalist gegenüber dem Porträtierten jeder expliziten persönlichen Meinung.

Diese Voraussetzungen machen deutlich: Ein Porträt als Textsorte kann nicht einfach zu jeder beliebigen Geschichtenidee
herangezogen werden. Und erst recht reicht ein einfacher
Lebenslauf, den ein Journalist vor dem gelangweilten Leser her-
unterbetet, nicht für ein journalistisches Porträt aus.

Recherche und Aufbau des Porträts

Was aber dann muss ein Porträt leisten? Klaus Steiner, Leiter der
KLARA-Journalistenschule in Berlin, spricht von der Anforde-
rung, der Journalist müsse beim Porträtierten »zwischen den
Zeilen lesen«. Das bedeutet: Über die äußeren Zeichen hinaus
wie Aussehen, Gestik, Mimik, Kleidung, Habitus, Verhalten
gegenüber dem Gesprächspartner, aus der Argumentation, der
Wortwahl, der Geschwindigkeit der Antworten habe der Journalist die Aufgabe, die tieferen Schichten des Intellekts und des
Gefühls seines Porträtierten zu erkunden. Dies geschieht mit
Hilfe zweier Faktoren: Erstens der eigenen Beobachtung und
zweitens der journalistischen Recherche.

Der erste Ansatz spielt bei jenen Gelegenheiten eine Rolle,
bei denen Journalist und Porträtierter zusammentreffen können und sich persönlich begegnen; wo also Beobachtung und
Nachfrage möglich sind.

Der zweite Ansatz spielt natürlich als Vorbereitung auf das
persönliche Treffen eine wichtige Rolle. Entscheidend wird er
aber dann, wenn eine persönliche Begegnung nicht möglich

ist. Was soll ein Journalist tun, der ein Porträt über den geheimnisvollen Wirtschaftsboss schreiben soll, der sich gegenüber jedem Presseinterview verweigert? Oder ein Porträt jener verurteilten Mörderin, die ihre Strafe im Gefängnis abbüßt und sich weigert, ihn zu empfangen? In solchen Fällen greift der Journalist als Porträtschreiber zur so genannten peripheren Recherche. Er klopft alle Quellen ab, die es ihm ermöglichen, mehr über die Person zu erfahren. Das können Aussagen von Freunden und Verwandten sein, von Arbeitgebern, Nachbarn oder Gegnern; es können schriftliche Quellen sein wie Reden, Briefe oder Artikel, die von der Person oder über die Person verfasst wurden. Alle diese Quellen dienen dazu, sich einen ersten Überblick zu verschaffen für das Treffen – oder den Ausgangspunkt für weitere Recherchen, falls die Person nicht zugänglich sein sollte.

Für den Aufbau des Porträts gilt: Auch diese Textsorte braucht einen Küchenzuruf! Denn so lang auch ein Porträt in einem Magazin oder auf der Seite drei der »Süddeutschen Zeitung« ausfallen mag – stets kann es unter journalistischem Blickwinkel nur einen Ausschnitt aus der gesamten Persönlichkeit des Porträtierten wiedergeben. Der Küchenzuruf des Porträts ergibt sich, wie bei den erzählenden Textsorten insgesamt, meist implizit. Das heißt: Die Lektüre des gesamten Textes gibt dem Leser ein stimmiges Bild über die gezeichnete Person, ohne dieses Bild an einer Stelle in einen einzigen explizit ausgesprochenen Satz zu pressen.

Der Einstieg in das Porträt erlaubt ein Höchstmaß an Freiheit für den Autor. Denn der kann sich beim Porträt aus dem gesamten Baukasten der journalistischen Textanfänge bedienen, die auch bei den anderen erzählenden Textsorten eingesetzt werden können.

Zehn Einstiege für ein Porträt
(und andere erzählende Textsorten)

Einstieg mit einer Szene: »Wachmann Julius Meier nimmt den Revolver sorgfältig aus dem Halfter an seiner Hüfte, wiegt ihn ein-, zweimal in der rechten Hand und streichelt dann über den Lauf. Mit einem leisen Klick öffnet er das Magazin der Waffe und zeigt auf die drei verbliebenen Patronen, die noch darin stecken...«

Einstieg mit der Schilderung eines Bildes: »Auf dem Tisch vor ihm ein Teller Suppe, nicht angerührt. Daneben ein Revolver, die Ladetrommel ausgeklappt. Neben dem Revolver drei Patronen, Kaliber 7,5...«

Einstieg mit einem Zitat: »‚Die Patronen sind noch drin!‘ brummt Julius Meier, Wachmann der Bankfiliale an der Friedensallee, und deutet auf die Ladung in seinem sechschüssigen Revolver. »›Die hebe ich mir auf für den Fall, das die Kerle wiederkommen!‹«

Einstieg mit einem berühmten Zitat: »›Wenn Du Frieden willst, bereite Dich auf den Krieg vor!‹ Julius Meier, Wachmann der Bank an der Friedensallee, hat zwar nie Latein gelernt. Aber diesen Satz kennt er. Und er richtet sich danach – spätestens seit dem Banküberfall am letzten Dienstag...«

Einstieg mit einer persönlichen Beobachtung: »Julius Meier wirkt an diesem Nachmittag ruhelos. Alle zwei Minuten greift er umständlich nach dem Revolver in seinem Halfter, holt ihn hervor, blickt argwöhnisch ins Magazin, steckt ihn wieder ins Halfter zurück – nur um spätestens nach weiteren zwei Minuten die gleiche Prozedur zu wiederholen.«

Einstieg mit einer Vermutung oder Kontemplation: »Irgendetwas passt Julius Meier nicht. Unruhig nestelt der Wachmann an seinem Halfter, aus dem er den Revolver hervorholt, ihn kurz prüft, um ihn dann wieder zurückzustecken. Acht Mal hat er diese Bewegung schon ausgeführt in der halben Stunde, in der wir beieinander sitzen, und Meier macht nicht den Eindruck, dass ihn diese stete Kontrolle sicherer macht. Hat er Angst vor dem nächsten Banküberfall?«

Einstieg mit einer Verblüffung des Lesers: »Julius Meier ist ein friedfertiger Mensch. Und gerade deshalb hat er seit drei Tagen Lust darauf, seine Waffe auf jemanden zu richten und abzudrücken...«

Einstieg mit der direkten Ansprache des Lesers: »Stellen Sie sich vor, Sie machen Ihren Job zu aller Zufriedenheit seit 35 Jahren. Sie haben Erfolg, sind beliebt und erfreuen sich Ihres Lebens. Und dann genügen 35 Sekunden, um diese ganzen 35 Jahre auf den Kopf zu stellen...«

Einstieg mit einem Superlativ: »Julius Meier ist Wachmann – und der beste Schütze der Stadt: Stadtmeister, Kreismeister, Landesmeister und sogar ein zweiter Platz bei der Deutschen Meisterschaft. Das macht ihm keiner nach in XY-Stadt...«

Einstieg mit einer Provokation: »›Er ist alt, fett und feige.‹ Sagen die Einen. ›Er ist lieb und zu gutmütig‹, sagen die Anderen. Die Urteile kennen keine Zwischentöne mehr, hier in der Bankfiliale in der Friedensallee, seit dem letzten Dienstag. Das war jener Tag, an dem die Bank von zwei Maskierten überfallen wurde. Und Wachmann Julius Meier ausgerechnet in diesem Augenblick...«

Diese zehn unterschiedlichen Einstiege zeichnen zugleich den individuellen Aufbau des Porträts vor: Gehe ich in meinen nächsten Absätzen mehr auf die Schilderung der Umstände ein oder mehr auf das Innenleben meiner Person? Gehe ich mehr von Einschätzungen aus, die ich in meinen Recherchen gewonnen habe, oder kann ich mich an persönliche Begegnungen und Beobachtungen halten?

Je nach der Länge des Porträts ergeben sich zudem Unterschiede: Die klassischen Kurzporträts – wie sie das »Hamburger Abendblatt« beispielsweise auf der Seite eins präsentiert oder die »Süddeutsche Zeitung« seit einigen Jahren auf ihrer Seite vier – verlangen auf ihren 30 bis 80 Zeilen Länge eine Konzentration des Journalisten auf einen speziellen Aspekt, für den der Porträtierte im aktuellen Zusammenhang der Tageszeitung steht. Hier muss das Porträt zugleich immer die Frage beantworten, warum es gerade an diesem Tage wichtig ist, von einem Leser wahrgenommen zu werden? Anders ist das meist in einem Großbeitrag wie er in Magazinen oder auf ganzen oder halben Zeitungsseiten präsentiert wird. Hier steht im Vordergrund die fundierte Vorstellung und Auseinandersetzung mit einer Person, die in einem wie auch immer gearteten Zusammenhang interessant und bedeutsam für den Leser ist. Deshalb bedarf es für eine solches Porträt, das 200 bis 300 Zeilen überschreiten kann, einer anderen Ökonomie des Erzählens: Der Bogen dessen, was berichtet werden soll, muss weiter gespannt werden, Szenen und Beobachtungen werden immer wieder unterbrochen durch Einordnungen und Schlussfolgerungen, die der Autor aufgrund seiner Recherchen gibt – aber auch kraft seiner eigenen, begründbaren Einschätzungen. Daraus entsteht ein bestimmter Rhythmus des Schreibens, das so genannte atmende Porträt. Es bewegt sich vorwärts zwischen Einatmen – der Beobachtung, dem Schauen, dem Zuhören, dem Recherchieren – und Ausatmen – dem Einordnen, Analysieren, Wiedergeben der Erfahrungen und Beobachtungen in Form von Interpretationen, die es dem Leser an die Hand gibt.

Das atmende Porträt – so schreibt man es

Hinschauen, hinschauen, hinschauen: Die Recherche für ein Porträt erfordert – wie bei der Reportage – ein besonderes Maß an Aufmerksamkeit für die unauffälligen Beobachtungen.

Gönnen Sie Ihrem Porträt Zeit für ein Innehalten, für Reflexionen des Erfahrenen und Recherchierten und lassen Sie den Leser an diesen Überlegungen teilhaben.

Entwickeln Sie den Fortgang des Porträts anhand des Wechselspiels aus den Aussagen des Porträtierten, aus Ihren Beobachtungen, den Recherchen sowie Meinungen Dritter und zusammenfassenden Absätzen, die die Ergebnisse dieses Materials resümieren.

Halten Sie ihre persönliche Meinung zurück. Einschätzungen im Porträt wirken dann, wenn sie sich aus der Stützung durch Fakten ergeben. So schrieb einst ein Magazin über einen braun gebrannten Geschäftsmann mit offensichtlich zweifelhaften Talenten, er sähe aus »wie ein Luis Trenker fürs Mittelgebirge«.

Wählen Sie sich aus Ihrem Material einen Satz, ein Faktum, eine Handlung, ein Bekenntnis oder eine Einschätzung, mit der sie den Abschluss ihres Porträts bestreiten. Dieser Satz sollte idealerweise den Küchenzuruf des gesamten Porträts stützen und somit die Geschichte abrunden.

Merke

Wie könnte nun ein Porträt über unseren Julius Meier aussehen? Bleiben wir bei unserem Beispiel des Banküberfalls und versuchen, ein Kurzporträt eines in diesem Fall beteiligen Wachmanns zu zeichnen:

Das Kurzportät

»Die Patronen sind noch drin!« brummt Julius Meier, Wachmann der Bankfiliale an der Friedensallee und deutet auf die Ladung in seinem sechschüssigen Revolver. »Die hebe ich mir auf für den Fall, das die Kerle wiederkommen!«

Die Kerle – das sind die beiden Bankräuber, die am letzten Dienstag in der Friedensallee 30.000 Euro erbeuteten. Für Meier war es das Schlimmste, was er in seinem Berufsleben erleben musste. »Sie zielten auf die Kassiererin!«, sagt er und dabei wischt er sich den Schweiß von der Stirn. Es ist so, als erlebe er die ganze Szene noch einmal von vorn. »Und du hast eine Waffe und kannst nichts machen. Nichts!« Meier springt auf und rennt zweimal durch den Raum.

Für seine 58 Jahre wirkt er sportlich, drahtig, agil. Das liegt an seinem Schäferhund, den er jeden Tag zwei Stunden ausführt. Und seine Mitgliedschaft im Karateclub. Seine beiden Söhne, 24 und 26, trainieren dort mit ihrem Vater zusammen. Die Bewegung, mit der er auf seine Waffe deutet, lässt auf Energie schließen. »Du bist hilflos, auch mit der Waffe dort!«, sagt er, und Verzweiflung klingt aus der Stimme. »Wenn Menschen dazwischen stehen, ist es aus mit dem Schutz!«

Schutz: Das lag ihm am Herzen, als er mit 23 eine Ausbildung als Wachmann machte. Seine Schlosserlehre hatte er mit sehr gut beendet – »aber den ganzen Tag Dachrinnen zu löten, das war nicht mein Ding!«, erzählt er. Er wollte Verantwortung tragen, Schutz geben, für Sicherheit sorgen. Deshalb bewarb er sich bei der Bank – und wurde auch gleich als Wachmann genommen. Er ist sich sicher: »Alleine, dass ich da war, hat so manchen in den letzten Jahren vielleicht davon abgehalten, hier mal abzukassieren«, erzählt er.

35 Jahre ging das gut. Bis letzten Dienstag. Da ist für Meier eine Welt zusammengebrochen – die Welt von Schutz und Sicherheit. Hunderte von Malen haben er und seine Kollegen es immer wieder geübt: Was zu tun ist, wenn ein Bankräuber »Hände hoch und her mit dem Geld!« schreit. Wie er zu reagieren hat. Wie er Kunden und Angestellte verteidigen soll, wenn sich die Möglichkeit dazu ergibt. »Doch davon habe ich nichts anwenden können!«, klagt Julius Meier und sein Gesicht versteinert. Fühlt er sich als Versager? Eine harte Frage, doch Meier zuckt nicht einmal vor der Antwort zurück. »Ich fürchte, manche Leute sagen das jetzt von mir!« Dann klappt er den Revolver zusammen, steckt ihn in seinen Halter zurück und grüßt knapp: »Ich muss zurück in die Schicht!« Zurück mit den sechs Patronen, die noch auf ihre Bankräuber warten.

Die Sonderform des Porträts – der Nachruf

Keine Chance auf persönliche Begegnungen hat der Journalist mehr, wenn er sich dem Nachruf auf eine Person widmen muss. Vor den Zeiten von Computer und Internet hatte jede Redaktion in Deutschland eine so genannte Nachruf-Schublade. Hier lag für die wichtigsten Personen, die zwar noch lebten, aber deren Tod auf eine absehbare Zeit befürchtet wurde, ein Rumpf-Nachruf bereit. Der wurde im Ernstfall nur noch mit den neuesten Fakten angefüttert. Diese Vorratshaltung des Nachrufs resultierte aus den fehlenden technischen Möglichkeiten der damaligen Zeit: So rasch wie heute konnte nicht einfach ein komplettes Lebensbild zusammengemalt werden.

Auf ein gewisses Maß an Fingerspitzengefühl kommt es bei einem Nachruf noch mehr an als beim Porträt eines lebenden Menschen. Denn üblicherweise gebietet es die Pietät, nichts ausgesprochen Negatives über Tote zu vermelden. Dies allerdings mit einer klaren Ausnahme: Blutrünstige Diktatoren und ähnliche Zeitgenossen werden auch im Nachruf mit der genügenden Realität behandelt, die dem Journalismus eigen ist.

Fingerspitzengefühl ist angebracht auch beim Umgang mit intimen Details aus dem Leben eines Porträtierten – vor allem dann, wenn er noch lebt. Tut seine sexuelle Orientierung im gedruckten Porträt etwas zur Sache? Grundsätzlich nein. Ja aber dann, wenn sie sich auf die politischen Berufungen auswirkt, die der Kandidat ganz offensichtlich von sonstigen Fachkriterien abkoppelt und lieber nach seinen sonstigen Vorlieben vollzieht. Tut seine Geliebte etwas zur Sache? Grundsätzlich nein. Ja aber dann, wenn sich der Porträtierte als hartnäckiger konservativer Familienpolitiker christlicher Provenienz präsentiert und somit einen Zwiespalt zwischen öffentlichem Reden und privatem Handeln offenbart. Hier muss der Journalist also sorgfältig die Aufklärungsabsicht, die er mit seinem Porträt verfolgt, im Auge behalten und in jedem Einzelfall abwägen.

Auch haben ausgesprochene Sprachgags in Porträts und in Nachrufen nichts verloren. Berühmt wurde in diesem Zusammenhang ein Übungsnachruf aus einer deutschen Journalistenschule. Die Jungjournalisten erhielten Material über den Schauspieler Curd Jürgens, bekannt unter dem Spitznamen »der normannische Kleiderschrank«, und dazu die Aufgabe, daraus einen passenden Nachruf zu basteln. Den Vogel schoss ein Kollege ab, der über seinen Nachruf den Titel setzte: »Der normannische Kleiderschrank schloss für immer seine Türen.«

Die Reportage

Sie ist die Königsdisziplin des Journalismus. Die Krone, um die Journalisten ringen. Ihre Autoren sind die Stars der Branche. Kein Wunder: Die berühmtesten Journalistenpreise werden in der Kategorie dieser Textsorte vergeben, der Egon-Erwin-Kisch-Preis, der Theodor-Wolf-Preis. Es ist der Traum eines jeden jungen Journalisten, eine gekonnte Reportage zu schreiben. Und um eines gleich vorwegzunehmen: Es ist machbar. Denn die Reportage ist, wie alle journalistischen Textsorten, kein Kunstwerk. Sondern ein Stück Handwerk, das nach klar nachvollziehbaren Regeln aufgebaut ist und ebenso nachvollziehbar produziert werden kann.

Kann man exzellente Reportagen lernen?

Man kann. Das beweist die folgende Geschichte aus der Akademie der Bayerischen Presse aus dem Jahr 1996. Der Autor dieses Buches gab dort eine Woche lang ein Reportageseminar für junge Volontäre: Von der Definition über Themenfindung, Recherche, Selektion des Küchenzurufs, Aufbau bis hin zur Sprache. Drei Tage Theorie, drei Tage Recherche und Schreiben – eine Woche später Besprechung. Aufgrund ihrer Qualität wurde ein großer Teil der Reportagen in den Zeitungen gedruckt, aus denen die Volontäre gesandt waren. Eine von diesen Reportagen, die auch dort publiziert wurde, stammte von einer Volontärin der »Nürnberger Nachrichten«, die gerade ihre Ausbildung begonnen hatte. Ein Kabinettstückchen über die Schüler einer Gehörlosen-Schule, fein beobachtet, lakonisch erzählt, anrührend aufgebaut. Es erhielt im gleichen Jahr den renommierten Theodor-Wolf-Preis.

Beispiel

Was zeichnet nun eine Reportage aus? Zuerst einmal bietet sich die Klärung durch den Namen an. Die Reportage stammt vom französischen Wort »reporter« ab, was soviel heißt wie »zurücktragen«. Das verweist auf die erste wichtige Eigenschaft einer Reportage im Verhältnis zu ihrem Produzenten: Anders als eine Nachricht oder der Bericht, anders als ein Kommentar oder ein Nachruf, die alle auch vom Schreibtisch aus recherchiert und geschrieben werden können, muss der Reporter da gewesen sein: An jenem Ort, wo das geschehen ist, worüber er berichtet. Denn nur so kann ein Reporter das tun, was der Name der Textsorte, die er schreiben will, verlangt – nämlich etwas für den Leser zurückzubringen. Damit klärt sich auch die Frage nach der so genannten »kalt geschriebenen« Reportage. Also jenem journalistischen Stück, das vorgibt, am Ort des Geschehens gewesen zu sein, jedoch dieses Versprechen nicht einhalten kann. Zu diesem Vorgehen gilt der Satz: Eine solcher Text ist weder journalistisch redlich noch ist er eine Reportage. Der Leipziger Journalistik-Forscher Michael Haller hält in seinem Standardwerk über die Reportage fest, es handele sich bei dieser Textsorte um die »Schilderung erlebter/erfahrener Geschehnisse als Beobachter und/oder Teilnehmer«, die »Distanz/Barrieren überwinden und die Leser teilhaben lassen« solle. Den Kern der Reportage machen deshalb für Haller »authentische und einmalige Erlebnisse/Beobachtungen« aus.

Was zeichnet diese Königsform des Journalismus aus? Aus den zahlreichen Definitionen, die Journalisten und Wissenschaftler zur Textsorte der Reportage gegeben haben, lassen sich eine Reihe gemeinsamer Elemente herausarbeiten:

Elemente der Reportage

- Eine Reportage braucht einen Reporter, der vor Ort war. So genannte »kalt geschriebene« Texte taugen nicht als Reportage
- Der Ort, von dem der Reporter berichtet, hat eine Besonderheit: er ist entweder unzugänglich (Nordpol), gefährlich (Reaktor eines Atomkraftwerks) oder unbekannt (Personal-Umkleide eines Schlachthofs).
- Die Handlung, von der die Reportage berichtet. hat entweder die Eigenheit, ungewöhnlich zu sein (Ski-Abfahrt durch die Eigernordwand) oder unter einem besonderen Blickwinkel zu stehen (ein Lehrer schreibt noch mal alle Abitur-Klausuren mit).
- Die Reportage berichtet nicht über etwas, sie erzählt es. Dabei arbeitet sie mit Sinneseindrücken – Geräuschen, Düften, Farben.
- Der Reporter ist das Auge des Lesers: Stellvertretend nimmt er für ihn die Handlungen und Geschehnisse auf und gibt sie mit hoher Präzision wieder.
- Das Geheimnis einer guten Reportage besteht in der Genauigkeit der Beobachtungen, die der Journalist mitnimmt. Deshalb ist eine wache Recherche die beste Voraussetzung für eine präzise Reportage.
- Eine Reportage macht Geschehnisse anschaulich. Sie braucht Handlungen und Menschen.
- Eine Reportage spekuliert nicht. Sie kommentiert nicht. Sie wertet nicht explizit. Sie verkündet nicht die ausdrückliche Meinung des Schreibers. Sie lässt dem Leser Raum, sich selbst ein Urteil zu bilden.
- Eine Reportage erzählt nur von wahren Begebenheiten.
- Eine Reportage ist eine tatsachenbetonte Textsorte – obgleich sie darunter die subjektivste dieser Formen ist.

Merke

Bleiben wir gleich bei diesem Paradoxon: Wie kann eine Reportage eine tatsachenbetonte Textsorte sein, wenn ihr zugleich der Ruf vorauseilt, subjektiv zu sein?

Der Reporter als Rechercheur

Dies liegt in der Konstruktion dieser Textsorte. Sie ergibt sich aus der Rolle, die in ihrer Produktion dem Autor zugemessen wird. Nach einem Journalistensatz ist die Reportage »Kino im Kopf des Lesers«. Um dieses Kino im Kopf des Lesers zum Flimmern zu bringen, muss der Reporter eine Menge leisten: er sucht, sichtet und sammelt; er schaut sich um nach möglichst vielen Details, die ihm eine Menge verraten können, ja, ein guter Reportage-Rechercheur benimmt sich wie Sherlock Holmes, dem jede Kleinigkeit hilft, sich ein Bild des Geschehens zu machen. Dabei zählen nicht nur visuelle Eindrücke: Fühlen, Riechen, Schmecken, Hören gehören dazu, will der Reportage-Schreiber das, was um ihn herum geschieht, dem Leser vermitteln.

Der Reporter ist also Drehbuchautor, Kameramann, Regisseur und Cutter in einer Person. Er wählt Ort und Handlung von Interesse aus und dazu den Blickwinkel, unter dem er das Gesehene zu betrachten denkt – womit wir schon beim Küchenzuruf der Reportage wären. Dieser Blickwinkel macht das deutlich subjektive Element der Reportage aus, denn es ist der Reporter selbst, der die Entscheidung trifft, welchen Blickwinkel er wählt, welche Einstellung er mit seiner Kamera für den Leser sucht.

Gemäß diesen Intentionen legt der Regisseur seine Recherche an. Der erfahrene Reportagenschreiber Ulrich Kempski fasst die Recherchearbeit in die vier Schritte »Suchen, Sehen, Sammeln, hart Auswählen« zusammen. Daran wird klar: Eine Reportage zu recherchieren und zu schreiben ist Plackerei. Verfolgen wir den Gang der Recherche anhand der von Kempski genannten vier Schritte:

Erstens – Suchen: Was kann ich an schriftlichen Quellen und aus dem Internet alles auftreiben? Was sollte ich wissen, bevor ich mich zum Ort des Geschehens aufmache? Wen kann ich später vor Ort fragen? Und auf was sollte ich besonders achten, wenn ich an diesen Ort gelange?

Zweitens – Sehen: Keine noch so gute Schilderung, kein noch so exaktes Fernsehbild kann mir den eigenen Eindruck als Journalist ersetzen. Dazu gehören das Zuhören, das Schauen, das sich Einlassen auf Situationen. Der Reporter benutzt das vollständige Instrumentarium der journalistischen Recherche – Befragung, Anschauung, Quellenauswertung, Augenschein. Der Journalist sollte sich Zeit nehmen, damit sich ihm die Dinge ergeben können. Hier ein Wandzettel, dort eine zerschossene Eingangstür, da ein auf einer bestimmten Seite aufgeschlagenes Buch – sie alle können Hinweise sein, die uns im Augenblick des ersten Sehens noch nebensächlich scheinen mögen. Doch solche Details könnten beim Zusammenbau des Puzzles von Einzelinformationen vielleicht das entscheidende Element meines grandiosen Reportageeinstiegs werden.

 Ein Zufallsfund als Einstieg

Ein Zufallsfund lieferte dem Autor dieses Buches den Einstieg sowie gleichzeitig den letzten Satz seiner ersten Reportage im »Stern«; er sollte eine Geschichte über eine junge Mutter zu schreiben, die ihr Kind umgebracht hatte. Als er den Auftrag erhielt, lief der Prozess schon – zu einer Prozesspause kam er an. Da öffnete sich die Tür des Gerichtssaals, eine empörte Dame sprang ihm von den Zuschauerbänken entgegen mit dem Satz: »Die Hure gehört aufgehängt!« Dieses Zitat wurde der erste und letzte Satz der Geschichte – am Schluss in Frageform.

Beispiel

Drittens – Sammeln: Eine Tätigkeit, die Ordnung verlangt. Und die fällt manchen Journalisten schwer. Nicht der genialische Schnellschreiber wird die beste Reportage liefern, sondern der akribische, nachdenkliche, aufmerksame Beobachter und Einordner. Journalismus, so das geflügelte Wort, das den Handwerkscharakter unterstreicht, besteht aus »90 Prozent Transpiration und 10 Prozent Inspiration« – und nicht aus einem umgekehrten Mengenverhältnis. Diese Definition gilt vor allem für die Reportage. Deshalb gilt: Nur das Detail, das sich der Reporter gespeichert hat, kann er auch wieder finden und im Zweifelsfall beim Schreiben verwenden. Damit der Reporter beim Schreiben aus dem Vollen schöpfen kann, gilt die Devise: Notieren, notieren, notieren. Auch wenn man sich als Reporter des Sisyphos-Charakters der Sammelei bewusst ist, auch wenn man weiß, dass man hinterher wieder mindestens 90 Prozent wegschmeißt: Der Leser merkt es dem Stück an, ob der Autor aus dem vollen schöpfen konnte oder sich nur von dürren Halmen ernährt hat.

Viertens – hart Auswählen: Tatsache ist, dass bei keiner Textsorte so viele gesammelte Fakten nicht verwendet werden wie bei der Reportage. Denn für sie gilt: Je detailreicher ihr Stoff, desto anschaulicher die Filmsequenzen, die der Reporter als Kameramann seines Lesers wieder anbieten kann. Die endgültige Auswahl kann erst stattfinden, wenn der Reporter nach Abschluss seiner Recherchen den abschließenden Küchenzuruf seiner Geschichte definiert hat – sei es, dass er seine Ursprungshypothese bestätigt sah, sei es, dass er sie im Angesicht der persönlichen Anschauung modifizieren oder gar ganz über den Haufen werfen musste. In solchen Fällen sprechen Journalisten übrigens gerne davon, dass die Reportage »unter der Last der Recherche zusammengebrochen« sei. Für große Stoffmengen empfiehlt sich beim Sortieren auf Häufchen das Präferenzen-Prinzip:

Merke

Auswahl des Wichtigsten – Präferenzen vergeben!

Um zu klären, was aus der Stofffülle der Recherche alles in die Reportage aufgenommen werden soll, darf oder nicht soll, empfiehlt es sich, das Material in drei bis vier unterschiedliche Gruppen zu unterteilen, die für unterschiedliche Wichtigkeit stehen.

Der Aufbau

Henri Nannen, zusammen mit Rudolf Augstein Altvater des deutschen Magazinjournalismus, hatte eine ziemlich klare Vorstellung, wie der Einstieg in eine Reportage in dem von im gegründeten »Stern« auszusehen habe: Er solle erstens szenisch sein und zweitens dem Leser eine Identifikationsmöglichkeit bieten. Damit liegt Nannen auf der gleichen Argumentationsebene wie die Verfechter des Kinos im Kopf: Was bietet Kino anderes als Szene? Doch die beste Szene nutzt nichts, wenn sie nicht durch einen Anschluss weitergeführt wird, der den Leser bei der Stange hält. Szene ist Erzählung von Tatsachen – aber die Tatsachen selbst bedürfen bei den meisten Themen weiterer Erläuterung.

Deshalb betonen die Autoren, die über die Reportage schreiben, wie wichtig es ist, den Wechsel zwischen szenischen Elementen und faktizierenden Elementen zu inszenieren. Tenor sämtlicher Reportagetheoretiker wie -praktiker: Der gute Reporter verteilt gemäß der Ökonomie seines Stückes, entsprechend der Länge und der Aufmachung, die unterschiedlichen Elemente und schafft so eine eigene Dramaturgie, die den Leser bei Laune und bei der Stange hält.

Der Grobaufbau einer Reportage zeigt sich folgendermaßen: Der Autor steigt mit einer möglichst starken, für den Küchenzuruf seiner Reportage prägnanten Szene ein; auf die zwei Absätze dieser Szene müsste nun die erste Orientierung folgen, die dem Leser mitteilt, warum sich der Reporter an diesem Ort befindet, wem er hier begegnet und warum er das Ganze tut. Im Wechsel zwischen berichtenden und erzählenden Elementen treibt die Reportage dann auf eine Schlussszene zu, die je nach Intention des Stückes und seines Autors entweder verstörend, anrührend, versöhnend oder verängstigend wirken kann – Hauptsache, sie hat eine Wirkung. Soweit das Grobkonzept. Setzen wir das Ganze in ein nachvollziehbares Konzept um, so kann man so etwas wie einen Standardaufbau einer Reportage festhalten. Mögen manche Theoretiker jetzt auch Einspruch erheben – die oben zitierte Übungsreportage aus dem Seminar der Akademie der Bayerischen Presse ist genau nach dem nun folgenden Prinzip aufgebaut worden. Und hat damit immerhin einen Theodor-Wolf-Preis gewonnen.

Aufbau der Reportage

Element	Reportage-teil: Länge	Funktion
Einstieg: Szene 1	1–2 Absätze	Leser einfangen, mit Szene auf den Küchenzuruf der Reportage vorbereiten.
Informationsteil 1	1–2 Absätze	Leser orientieren: Wo bin ich? Warum bin ich hier?
Szene 2	2–3 Absätze	Problem aufreißen, deutlich machen, Fokussierung auf Personen.
Informationsteil 2	1–2 Absätze	Historische Einordnung, Rückblick, Verständnis
Szene 3	2–3 Absätze	Problem anhand des Schicksals vertiefen.
Informationsteil 3	1 Absatz	Zukunftsausblick durch Experten, Lösungsoptionen
Szene 4	1 Absatz	Ausstieg, Rundung für den Leser oder Irritation.

Je nach Länge der Reportage unterscheidet sich natürlich ein solcher Aufbau; kurze Zeitungsreportagen kommen mit drei szenischen Ankern aus, größere Magazinstücke brauchen davon mehr und sind länger. Die hier als »Informationsteile« bezeichneten Elemente, die wir schon im Feature als Volkshochschule kennen gelernt haben, besitzen in der Reportage unterschiedliche Inhalte – jedoch bei ähnlicher Funktion. Die Inhalte können sich beziehen auf Fakten: Warum bin ich hier? Was ist das Interessante an diesem Ort? Welche Menschen lerne ich hier kennen? Sie können weiterhin die geschichtlichen oder politischen Zusammenhänge deutlich machen, in denen unsere Reportage spielt. Und drittens dienen sie als Forum für Experten, die wir im einen oder anderen Fall in der Reportage brauchen, um für den Leser eine Geschichte in ihrer Bedeutung einzuordnen.

Um auf einem solchen Weg die Spannung aufrechtzuerhalten, muss der Reportageschreiber seinen Vorrat an Informationen und Szenen sorgfältig einsetzen. Er braucht einen Plan, wann er welches Element in welcher Form einsetzen will. Deshalb gilt: Nicht gleich alles Pulver verschießen! Identifizieren Sie vor dem Schreiben die zentralen Elemente der Geschichte und versuchen Sie, diese Elemente bestimmten Teilen zuzuordnen.

Reportage-Puzzle

Tipp

Hilfreich für die Planung sind kleine gelbe Zettel, die die wichtigsten Schlüsselszenen symbolisieren. Mit einigem Ausprobieren lässt sich im wahrsten Sinne des Wortes die Dramaturgie der Reportage zusammenpuzzeln. Dieses Puzzle zusammenkleben und als Leitfaden für das Schreiben benutzen!

Um Spannung zu erzeugen und zu halten, ist ein Blick auf die Binnen-Dramaturgie der einzelnen Teile der Reportage und manchmal sogar ihrer einzelnen Absätze hilfreich. Enden Sie mit einer herausragenden Beobachtung, einer Szene oder einer verblüffenden Tatsache, so kann der Kontrast zum nächsten Absatz die Spannung deutlich erhöhen. Die – siehe »Kino im Kopf«! – harten Schnitte aus dem Film sind ein bewährtes Element auch für die Reportage in Zeitung und Zeitschrift.

Der rote Faden

Jetzt haben wir ein Gerüst unsrer Reportage stehen. Aber etwas fehlt noch, das sich aus dem Küchenzuruf ergeben soll: der rote Faden. Journalisten, die sich mit der Reportage auch theoretisch beschäftigen, benutzen unterschiedliche Begriffe für diese Suche nach dem roten Faden. Sie sprechen von »Einengung«, »Konzentration«, »Segmentierung« oder »Fokussierung« – und meinen doch meist das Gleiche. Nämlich den Versuch, in den Zeilen, die zur Verfügung stehen, einen Ausschnitt aus der Wirklichkeit in eine Erzählung zu bringen.

Diese Aufgabe kann nur gelingen, wenn sich der Journalist auch in der Reportage auf bestimmte Elemente dieser Wirklichkeit beschränkt, wenn er das Thema im Thema findet und aufschreibt. Deshalb gilt auch bei der Reportage die berühmte »Highlander« Regel – und dies in ganz besonderem Maß: »Es kann nur einen geben« – einen Küchenzuruf nämlich.

Die Gefahr des Reportageschreibens besteht darin, diese Regel aus dem Auge zu verlieren. Das ist verständlich – hat unser Reporter doch eine solche Fülle von Beobachtungen, Szenen, Einzelheiten und Erzählsträngen mit nach Hause gebracht, dass er nur ungern darauf verzichten möchte, sie auch in seiner Reportage wieder zu sehen. Doch dies ist genau der falsche Weg, um einen solchen Text zu schreiben:

Tipp

Küchenzuruf

Die gute Reportage lebt von der brutalen Konzentration auf den Küchenzuruf – mag unser Recherchebuch noch so wundervolle Nebenschauplätze bieten und Details aus anderen Perspektiven.

Welche Möglichkeiten gibt es, einen roten Faden zu spinnen?

Beispiel

Der rote Faden

- ein abgeschlossener *Vorgang*: der Bau eines Hauses – vom Fundament bis zum Dach,
- eine spezielle *Tätigkeit*: Klofrau im Bundeskanzleramt,
- ein besonderer *Anlass*: Platzwart bei der Fussball-Europameisterschaft,
- eine spezielle *Person*: ein Kind aus Afrika wird adoptiert,
- ein spezieller *Zeitabschnitt*: die letzten zehn Minuten im Leben eines Menschen,
- eine herausragende *Lebenssituation*: der Mann, der fünf Tage in der Gletscherspalte überlebte,
- der spezielle *Blickwinkel*: die Arbeit eines Hausarztes, nur beobachtet unter dem Aspekt des Geldes, das er für jede einzelne Behandlung bekommt.

Auch an dieser – unvollständigen – Vorschlagsliste wird deutlich, welche Rolle die Beobachtung von Details in der Reportage spielt. Der Reporter kann und sollte diese Beobachtung üben. Zum Beispiel, indem er sich vor dem Ernstfall die Aufgabe stellt, eine Situation zu beschreiben, einen Raum, einen Menschen, ein Verhalten bis in die Details festzuhalten: Was hängt in der Wohnung, die der Reporter betritt, an den Wänden – der röhrende Hirsch aus der Kitschabteilung eines Kaufhauses – oder Roy Lichtenstein?

Erzählen, nicht Kommentieren

Halten wir fest: Die Reportage ist Kino im Kopf des Lesers. Sie bietet den Lesern die Bilder, die der Journalist redlich und mit Fleiß sammelt als Geschichte. Die Reportage berichtet nicht über etwas, sondern sie erzählt Handlungen, Geschehnisse, Erlebnisse, Schicksale. Dabei arbeitet sie mit Sinneseindrücken – mit Geräuschen, Düften, Farben. Deshalb ist der Reporter das Auge des Lesers: Stellvertretend nimmt er für ihn die Handlungen und Geschehnisse auf und gibt sie mit hoher Präzision wieder. Hier tritt häufig ein Missverständnis auf, das manche Schreiber von der Reportage mitnehmen. Sie wird ja zu Recht als tatsachenbetonte Textsorte bezeichnet, aber zugleich als subjektivste dieser tatsachenbetonten Textsorten. Das führt manche Reportageschreiber zu der irrigen Ansicht, diese Textsorte biete zugleich die Möglichkeit der Kommentierung des Geschehens. Genau aber das tut eine Reportage nicht:

Kein Kommentar

Eine Reportage spekuliert nicht. Sie kommentiert nicht. Sie wertet nicht explizit. Sie verkündet nicht die ausdrückliche Meinung des Schreibers. Sie gibt dem Leser durch ihre wahrheitsgemäßen, detailreichen und farbigen Schilderungen den Raum und die Möglichkeit, sich selbst ein Urteil zu bilden.

Tipp

Wie sieht das in der Umsetzung aus? Greifen wir zu einem Beispiel, wie es sich aus dem Banküberfall in der Friedensallee ergeben haben könnte. Hier könnte ein Reportageschreiber versucht sein, zu schreiben:»»Eine halbe Stunde nach den dramatischen Geschehnissen herrscht immer noch eine gespenstische Atmosphäre.« Nein: Dies wäre der falsche Weg, in einer Reportage etwas zu beschreiben. Denn mit diesem Satz fasst ja der Schreiber seinen Gesamteindruck zusammen – ohne dass er dem Leser die Chance gibt, zu erfahren, was denn den Schreiber zu diesem Kommentar geführt hat.

Richtig für die Reportage ist die Konzentration auf das Detail: »In der Schalterhalle riecht es metallisch, bitter. Ein Polizeibeamter erklärt: »Das ist Ammoniumnitrat!« – der Sprengstoff also aus den Patronen der Bankräuber. Zwei Stück haben sie davon abgefeuert, in die Decke und in die Wand über der Kasse. Steinbrocken und Gipshäufchen sammeln sich unter den Einschussstellen. Am Boden liegen acht Fünfzig-Euro-Scheine, die die Räuber bei der Flucht aus dem Geldsack verloren haben müssen. Die Kassenzelle, eingeschlossen von Panzerglas, steht offen, die Geldfächer liegen verwüstet da, Fünf-Euro-Scheine und Münzen haben sich auf den Boden ergossen. Der Mensch, der hinter diesem Schalter seinen Dienst versehen hat, muss diesen Platz in Panik verlassen haben.«

Ist dies eine gespenstische Atmosphäre? Der Unterschied wird deutlich: Nicht die abschließende Bewertung und Einordnung durch den Journalisten macht den Reiz der Reportage aus – sondern das, was dem Leser dazu dient, sich sein Bild machen zu können. Henri Nannen hat das in der ihm eigenen Art in die drastische Formel gefasst, die Reportage müsse erzählen, aber »bitte keine Klugscheißerei« verbreiten.

Wer erzählt in der Reportage?

Diese Textsorte birgt eine Gefahr für den Produzenten: Es droht ihm nämlich bei der Reportage die Gefahr, sich seiner

Eitelkeit zu ergeben. Konkret besteht die Gefahr, wenn sich der Autor ohne plausiblen Grund in die Reportage als Ich-Erzähler einbringt: Es gibt in diesem Fall keinerlei erzählende Motivation dazu, warum er es tun sollte. Das führt zum unerfreulichen Effekt, dass eine Figur, die mit dem Küchenzuruf des Stückes nichts zu tun hat, sich in der Szenerie des Textes herumlümmelt. Fazit: Der Leser wird durch solch Erscheinen erst verunsichert, dann verärgert und sich schließlich fragen: Was soll das Ganze? Üblicherweise wird die Reportage distanziert erzählt – von einem so genannten »auktorialen Erzähler«, einem allwissenden Reporter. Welche Gründe gibt es, die Erzählperson zu wechseln und in die Ich-Perspektive zu verändern?

Die Ich-Perspektive in der Reportage

- Der Erzähler steht mit seiner eigenen Handlung im Mittelpunkt.
- Der Erzähler treibt als Mithandelnder die Erzählung voran.
- Ohne die Kompetenz des Erzählers wird die Handlung nicht plausibel.
- Die Investigationsabsicht des Erzählers bildet die Haupthandlung.

Merke

In allen anderen Fällen gilt für die Ich-Perspektive in der Reportage: Finger weg! Denn der Reporter ist Dienstleister für seinen Leser – und nur in seltenen Fällen sollte er der Star der Handlung sein. Im Mittelpunkt steht also stets das Aufklärungsinteresse für den Leser. Auch wenn die Reportagethemen, die gerade für junge Reporter ausgewählt werden, zum Beispiel lauten »Eine Nacht unterwegs im Streifenwagen«, »Als Blumenverkäuferin auf dem Oktoberfest unterwegs« oder »Mein Tag als Bettler auf der Mönckebergstrasse«, so bieten sich in diesen Rollenreportagen immer wieder Blickwinkel an, die nicht die schreibende

Person sondern ein Detail des Erlebens in den Vordergrund stellen. Wie kann eine solche Reportagesicht aussehen?

Der Reporter Günter Beling hat vor Jahren eine Reportage auf der Seite drei der Abendzeitung veröffentlicht, in der einen Selbstversuch beschrieb: Er setzte sich als Bettler in die Münchner Fußgängerzone und wartete ab, welche Reaktionen er erntete. Das Spannende an seinem Text: Rasch beginnt er die Reaktionen die er erntet, nicht nach Personen zu gliedern, sondern allein nach den Schuhen, die sich ihm zu- oder abwenden: Teuren und billigen, glänzenden und abgewetzten, schicken und altmodischen. Hinter diesen Schuhen erkennt er und damit der Leser bald eine gewisse Regelmäßigkeit und damit Typologie des Verhaltens der jeweiligen Schuhträger. Interessant für den Reporter: Die Schuhe, die am meisten altmodisch und abgewetzt aussehen und alten Damen gehören, spenden dem mittellosen Bettler am meisten. Diese Reportage bietet ein Beispiel dafür, wie behutsam mit der Ich-Form umgegangen werden kann, wenn zugleich eine professionelle Konzentration auf einen spitzen Küchenzuruf (»Die abgerissenen Schuhe geben am meisten!«) erfolgt.

Wie sieht nun unsere Reportage im Falle unseres Banküberfalles in der Friedensallee aus? Nehmen wir an, der Lokalreporter hat sich sofort nach dem Banküberfall entschlossen, vor Ort zu gehen und die Polizisten bei der Spurensuche zu beobachten:

 Reportage Banküberfall:
»Auf der Spur des Schreckens«

Wie riecht Gewalt? Gewalt riecht nach Säure, ein bisschen nach Schwefel, nach Rauch und Metall. »Das ist Ammoniumnitrat!« erklärt ein Polizeibeamter, der Geruch nach dem Sprengstoff aus den Patronen der Bankräuber. Zwei Stück haben die beiden maskierten Männer vor einer Stunde hier abgefeuert, in die Decke, in die Wand über der Kasse. Steinbrocken und Gipshäufchen sammeln sich unter den Einschussstellen.

Friedensallee, Dienstag, 9.45. Der Schock des Verbrechens hängt noch in der Schalterhalle der XY Bank. Vor einer Stunde sind zwei maskierte Bankräuber eingedrungen, haben um sich geschossen, die Kassierer bedroht und sind mit 30.000 Euro geflüchtet. Wohin, weiß die Polizei in diesem Augenblick nicht. Es ist der dritte Bankraub in der Stadt innerhalb von drei Monaten. Verletzt wurde niemand. Drei Männer in weißen Plastikanzügen und Handschuhen knien vor dem Schalter und halten Ausschau nach Spuren.

Am Boden liegen acht Fünfzig-Euro-Scheine, die die Räuber bei der Flucht aus dem Geldsack verloren haben müssen. Die Kassenzelle, eingeschlossen von Panzerglas, steht offen, die Geldfächer liegen verwüstet da, Fünf-Euro-Scheine und Münzen haben sich auf den Boden ergossen. Der Mensch, der hinter diesem Schalter seinen Dienst versehen hat, muss diesen Platz in Panik verlassen haben.

Doch nicht der Kassierer interessiert die drei Männer. Sie sind Spezialfahnder des Landeskriminalamtes und vor einer Viertelstunde mit dem Hubschrauber hier eingetroffen. Sie sollen nach dem dritten Bankraub in Folge das schaffen, was der Kriminalpolizei in XY Stadt bisher nicht vergönnt war: Hinweise auf die Identität der Täter finden.

»Gib mal den Fußabdruck-Set rüber, bittet einer der drei Experten seinen Kollegen. Eine blaue Metallkiste, so groß wie ein Schuhkarton. Der Spurensucher tastet damit die Fliesen vor der Kasse ab. Ein zweiter Beamter sucht die Theke und den Raum davor mit Hilfe von Klebestreifen nach Haaren, Hautschuppen und anderen biologischen Spuren. Die erste Sichtkontrolle ergibt eine brauchbare Ausbeute. Doch ab

Beispiel

diese Spuren wirklich zu den Tätern gehören, muss sich erst noch herausstellen – es können auch Hinterlassenschaften von Kunden und Bankangestellten sein. »Solche Spuren könnten uns helfen, die Täter mittels Genanalyse zu identifizieren« erklärt Wilhelm H. Seinen Nachnamen möchte der 53 Jahre alte Polizeirat nicht in der Zeitung lesen. »Das könnte mir meinen Job als Spezial-Ermittler erschweren!«

Spezial-Ermittler, Spurensucher, Profiler: Polizisten, die die Phantasie der Bürger anregen. »Doch was wir hier machen, hat mehr mit Naturwissenschaft als mit Detektivarbeit zu tun«, sagt Wilhelm H. Er und seine Kollegen durchforsten mit Bürstchen, Klebefolien, Spezial-Mini-Staubsauger und Lupe jeden Tatort und suchen ihn Zentimeter für Zentimeter nach Spuren, die vielleicht geeignet sind, einen Hinweis auf den Tathergang, das Opfer oder den Täter zu geben. Das was sie am Tatort sammeln wird gekennzeichnet, ins Labor gebracht und dort per Mikroskop oder genanalytischer Technik untersucht. »Erst wenn wir die Untersuchungsberichte ausdrucken können wissen wir, ob unsere Arbeit Erfolg gebracht hat«, sagt H.

Mittlerweile haben sich die drei weißen Männer Schritt für Schritt auf die Eingangstür der Halle zugearbeitet. Sie reden kaum ein Wort. Ihre Spannung überträgt sich auf die anderen drei Polizisten, die den Tatort sichern.

Besonders interessiert die Experten die Tür. Haben die Männer dort einen Stofffetzen des Handschuhs am Griff gelassen? Sind irgendwelche Haare der Täter durch den Windzug beim Eintreten in die Halle verteilt worden? Gibt es vielleicht an der Glastür Hautpartikel, Schuppen, Speichelreste, andere minimale Spuren, die man ihnen zuordnen könnte?

Zum Schluss wenden die drei Spurensucher ihre Aufmerksamkeit den Einschusslöchern zu, die die Kugeln der beiden Bankräuber in Decke und Wand

Beispiel

gerissen haben. Die Prokjektile bergen sie mit Hilfe einer gepolsterten Spezialzange. Die darf um Himmels willen die Kugel nicht zerkratzen – denn aus den Spuren an der Kugel können Waffenexperten später vielleicht die Waffe identifizieren.

Dreieinhalb Stunden dauert der Einsatz. Dann streifen die Männer ihre Plastikanzüge aus, nehmen Mundschutz und Haarkappe ab, legen Überschuhe und Handschuhe zusammen. Was haben sie gefunden?

»Dazu kann ich aus ermittlungstaktischen Gründen nichts sagen«. Wilhelm H. wehrt jede Auskunft ab. Gibt es wenigstens etwas Interessantes? »Wir finden immer was Interessantes«, sagt der Polizeirat und lächelt dabei salomonisch. Dreieinhalb Stunden hat ihr Einsatz heute gedauert. »Wenn wir draußen arbeiten, kann das manchmal drei Tage dauern«, berichtet er.

In diesen dreieinhalb Stunden hat sich auch der Geruch der Gewalt verzogen. Jetzt kann die Putzkolonne kommen, der Maurer, der Hausmeister, die Bank-Angestellten, die das Chaos im Kassenhäuschen wieder richten, damit von der Panik des Morgens morgen nichts mehr zu sehen sein wird. Übrig bleibt die Hoffnung auf die klärende Kraft von Wissenschaft und Analyse. Und die Aussage, die Wilhelm H. macht, als er mit seinen beiden Kollegen nach draußen zum Einsatzwagen geht: »Glauben Sie mir: Wenn es eine Spur von den Tätern hier drin gab, dann haben wir sie!«

Beispiel

6 Die meinungsbetonten Darstellungsformen

Kommentar und Glosse

Journalisten sagen nicht nur, was los ist. Und sie erzählen nicht nur darüber, wie es geschehen ist. Sondern sie geben dem Leser Denkanstöße darüber, was sie von all dem zu halten haben. Das klingt befremdlich: Haben wir uns denn nicht Gedanken gemacht, wie es mit der journalistischen Objektivität bestellt sein soll, wenn man die Textsorten redlich benutzt? Doch Meinungsfreude und Objektivität schließen sich nicht aus.

Der Grund dafür: Für jede dieser unterschiedlichen Anforderungen stellen die journalistischen Textsorten uns Modelle zur Verfügung: die meinungsbetonten Darstellungsformen.

Wie wichtig die meinungsbetonten Darstellungsformen für den Journalismus werden, lässt sich an zwei Faktoren ablesen: erstens an der Einschätzung der Leser, dass bei den Qualitätskriterien von Journalismus bei Befragungen die Meinungsfreude ausdrücklich hervorgehoben wird.

Zweitens: Die digitalen Medien haben seit den neunziger Jahren kontinuierlich für eine neue Rollenverteilung der Aufgaben unter den Medienangeboten gesorgt. Galt es früher als eine der wichtigen Aufgaben der Tageszeitung, ihrem Leser Nachrichten und Fakten zu liefern und Wissen bereitzustellen, hat sich diese Aufgabe mit dem Aufkommen neuer digitaler Angebote fundamental geändert. Wollen die gedruckten Medien ihre Bedeutung behalten, müssen sie sich ändern: über die Nachricht hinaus Hintergrund, Orientierung und Nutzwert liefern.

Diesen Mehrwert als Hintergrund und Orientierung liefern die meinungsbetonten Textsorten. Sie sagen nicht nur, was geschehen ist – sie sagen dem Leser auch, was er davon zu halten hat. Fassen wir die Aufgabe dieser Textsorten zusammen:

Warum Meinung im Journalismus wichtig ist

- Leser wollen über die Nachricht hinaus Hintergrund und Orientierung.
- Guter Journalismus liefert nicht nur Fakten, sondern deutet sie auch.
- Ohne Meinung gibt es keine explizite Orientierung für den Leser.
- Meinungsbetonte Textsorten spiegeln eine Meinung auch explizit wider.
- Diese Meinung ist stets begründet.
- Die den Meinungen zugrunde liegenden Fakten werden stets erläutert.

Merke

Meinung gibt es als explizite meinungsbetonte Form in den unterschiedlichsten Ausprägungen. Zwei der markantesten stehen am Anfang der Betrachtung: Kommentar und Glosse.

Der Kommentar

Wer eine Meinung hat, sollte sie klar formulieren. Dies gilt gerade für die Textsorte des Kommentars. Sein Erscheinungsbild kann durchaus variieren, je nachdem, an welcher Stelle er steht:

Formen des Kommentars

- als Leitartikel auf der Meinungsseite der Tageszeitung,
- als Editorial des Chefredakteurs zu Beginn der Zeitschrift,
- als Meinungsbeitrag des Herausgebers,
- als Lokalspitze auf der ersten Seite des Lokalteils,
- als Kritik im Feuilleton,
- als Rezension eines Kultur- oder Sport-Ereignisses,
- als gezeichneter Kommentar in Form einer Karikatur.

Merke

Alles dies sind unterschiedliche Erscheinungsformen ein und derselben Textsorte. Diese wiederum ist bestimmt durch eine Reihe von gleichbleibenden Elementen. Erstes dieser Elemente ist die klassische Voraussetzungslosigkeit, die wir schon in Kapitel 1 auf Seite 10 für alle journalistischen Textsorten festgestellt haben. Diese Voraussetzungslosigkeit bedeutet: Auch wenn der Leser nur diesen Kommentar liest, muss er in der Lage sein können, die diesem Kommentar zugrunde liegenden Fakten zu verstehen. Deshalb beginnt ein Kommentar stets mit einer knappen Zusammenfassung des Sachverhalts, den der Kommentator zu besprechen beabsichtigt. Das zweite gleich bleibende Element ist die Form der expliziten Meinungsäußerung: Gerade beim Kommentar ist der Leser auf eine explizit vorgetragene Meinung angewiesen.

Damit sind wir bei einer der Schwächen in der Praxis dieser Textsorte: Wer Kommentare vor allem in Tageszeitungen liest, stellt sich oft am Ende der Lektüre die Frage: »Warum, zum Teufel, musste ich das jetzt lesen?« Der Grund solchen Missbehagens ist die Tatsache, dass viele Kommentatoren sich nicht der Klarheit ihres Küchenzurufes bewusst sind. Sie eiern mit ihren Argumenten herum, anstatt sich klar auf eine Position festzulegen:

Kommentare schreiben

Checkliste

1. Eiern Sie nicht herum: Ein Kommentar hat einen klaren Standpunkt.
2. Verwirren Sie ihren Leser nicht: Ein Kommentar hat nur ein Thema, nicht zwei.
3. Kommentieren Sie nur, was zu kommentieren ist: Das Thema muss einer gewichtigen Meinungsäußerung angemessen sein – sonst ist es vielleicht höchstens eine Glosse wert.
4. Halten Sie den Küchenzuruf im Auge: Ihn zu untermauern dient der ganze Kommentar.
5. Bieten Sie dem Leser genügend Fakten, damit er ihren Kommentar verstehen kann. Sonst ist die ganze Liebesmüh vergeblich – denn was der Leser nicht versteht, verführt ihn zum Aussteigen aus dem Text.

Sind diese Grundlagen geklärt, stellt sich der Kommentator einige Fragen. Die wichtigsten Fragen sind: An welcher Stelle steht der Kommentar? Wie viel Platz habe ich zur Verfügung? Will ich versuchen, eine zweiseitige Argumentation einzubauen oder gleich mit meiner Meinung in die Vollen gehen?

Allein die vorgegebene Textmenge hat Einfluss auf die Gestaltung. Habe ich nur zehn Zeilen Platz, wie in manchen Formaten des Boulevard-Journalismus, ist es nicht sinnvoll, ein ausführliches Pro und Kontra in meinen Kommentar einbauen zu wollen. Dann bleibt mir nur Platz zu jener kleinen, aber umso wirkungsmächtigen Form des Pamphlets, das einen Sachverhalt niemals erschöpfend darstellen, sondern im Gegenteil Stimmung machen will.

Das Pamphlet

Beispiel

»Herr Polizeipräsident – das Maß ist voll. Die Bürger von XY-Stadt haben ein Recht darauf, ohne Angst eine Bank zu betreten und ihre Geldgeschäfte abzuwickeln. Drei Banküberfälle in drei Monaten – was tut die Polizei? Wozu bezahlen wir eigentlich unsere Steuern? Herr Polizeipräsident – die Bürger wollen Erfolge sehen. Ihre Uhr tickt!«

Da ist nicht viel von Argumentation zu spüren. Auch der Volkshochschul-Teil – jener Teil also, in dem dem Leser die nötigen Fakten geboten werden müssen – ist auf einen Minimalsatz zurückgeschraubt (»Drei Banküberfälle in drei Monaten«). Die knappste und präziseste Kommentarform des Pamphlets ist zugleich die aggressivste. Das ist kein Wunder, denn die Kürze zwingt den Schreiber journalistisch zur Zuspitzung.

Deshalb ist das Pamphlet nicht das übliche Mittel der Wahl, wenn es einen Vorgang in Politik, Gesellschaft, Wirtschaft oder Kultur zu kommentieren gilt. Denn seine Kürze bedingt zugleich immer ein Maß von Überspitzung und damit kalkulierter Ungerechtigkeit. Deshalb findet sich diese Kommentarform bevorzugt in Boulevard-Formaten – in Zeitungen und Kommentaren von TV-Magazinen, die hier den Kurzkommentar bevorzugt in die An- oder Abmoderation ihrer dreiminütigen Magazinberichte packen.

Mehr Zeit nimmt sich da schon die zweite Gruppe des Kommentars, die den Großteil der in regionalen Tageszeitungen verbreiteten Textsorte ausmacht. Es ist der so genannte Geradeaus-Kommentar – jene Textsorte, die sich hintergründiger äußert als das Pamphlet, sich gleichwohl aber nicht bei der umständlichen Erörterung aller denkbaren Fürs und Widers argumentativ verzettelt.

Der Geradeaus-Kommentar

»Zwei Tage sind seit dem letzten Bankraub vergangen. Dem letzten in einer beispiellosen Serie: Drei Bankraube hat unsere kleine Stadt in den letzten drei Monaten erleben müssen. In der Verbrechensstatistik schnellt sie in dieser Verbrechensform damit überraschend in die Spitzengruppe von ganz Deutschland. Zwei Tage sind vergangen. Was ist in diesen beiden Tagen geschehen? Wir erleben einen Polizeipräsidenten, der mit den Achseln zuckt. Und den erstaunten Bürgern miteilt, »man habe von Seiten der Polizei die Lage unter Kontrolle«. Doch gibt es eine Spur von den Tätern? Hat man ihr Fluchtauto schon gefunden? Kennt man ihre Identität? Weiß man, wo sie sich aufhalten? Keine einzige Antwort auf diese Fragen, die jeden Bürger unserer Stadt beschäftigen, dringt durch die Mauern des Polizeipräsidiums. Es sind Mauern des Schweigens. Der Verdacht drängt sich auf, dass es auch Mauern des Nichtstuns und der Ohnmacht sein könnten. Herr Polizeipräsident: Die Bürger haben ein Recht, Antworten auf ihre Fragen zu bekommen. Drei Überfälle, drei Mal hat die Polizei bisher versagt. Es wird Zeit, sich den besorgten Fragen zu stellen. Sonst könnte sich der Eindruck aufdrängen, dass Ihre Zeit als Polizeipräsident bald abgelaufen sein könnte.«

Beispiel

Der Geradeaus-Kommentar einigt sich auf einen klaren Argumentationsstrang, der dem Leser keinen Zweifel darüber lässt, was er wohl nach der Lektüre des Kommentars am besten zu denken habe. Noch ausführlicher tut dies der »Entweder-oder-Kommentar«, der meist den Leitartikel einer Zeitung oder das Editorial einer Zeitschrift darstellt. Hier finden sich in den überregionalen Tageszeitungen meist die großen politischen und gesellschaftlichen Analysen, die vom Leser Standvermögen fordern.

Der »Entweder-oder-Kommentar«

»Sie kommen aus dem Nichts. In 30 Sekunden ist alles vorbei. Sie stürmen die Banken, raffen das Geld – und tauchen wieder unter. Spurlos. Drei Mal haben sie bisher unsere Stadt heimgesucht – und drei Mal blieb der Polizei trotz intensiven Einsatzes nur das Nachsehen. Trotz beharrlicher Auswertung von Zeugenaussagen, trotz mehrfacher Prüfung von Videoaufnahmen aus den Überwachungskameras, trotz intensiver und hochprofessioneller Spurensuche von Spezialteams des Landeskriminalamtes – die Bankraub-Serie in XY-Stadt bleibt auch weiterhin ein Rätsel – für Bürger und Banker – aber leider auch für Beamte der Polizei. Die haben es nicht leicht.

Doch gerade auch sie müssen ein wachsendes Interesse daran haben, diese einmalige Serie von Verbrechen rasch aufzuklären. Denn unsere Stadt steht mit diesem dreifachen Bankraub in nur drei Monaten plötzlich in der Spitze der deutschen Kriminalstatistik. Angst macht sich breit. Viele Menschen fragen sich: Wie sicher lebe ich eigentlich hier? Und vor allem: Was macht die Polizei? Die Polizeiführung täte ein Gutes daran, allen polizeitaktischen Schweigegeboten zum Trotz so rasch wie möglich ein bisschen mehr Klarheit zu schaffen: Zum Beispiel darüber, ob sie überhaupt eine heiße Spur hat. Und welche Chancen sie sieht, die Täter bald dingfest zu machen. Denn eine plumpe Nachrichtensperre allein hat noch keinen Kriminalfall der Aufklärung nähergebracht. Auch nicht dann, wenn die Täter aus dem Nichts zu kommen scheinen.«

Beispiel

Der Autor versucht, die unterschiedlichen Argumente abzuwägen und somit auch jene Leser einzufangen, die nicht seiner im zweiten Teil präsentierten Meinung sind. Der Entweder-oder-

Kommentar ist die ausführlichste Kommentarform – und auch die längste. Welche Meinung in einem Kommentar vertreten wird, sie sollte folgende Grundbedingungen von ihren Inhalten her erfüllen:

Regeln für gute Kommentare

- Ein Kommentar begründet stets eine Meinung mit sachlichen Argumenten.
- Er bietet keine Inhalte, die sich gegen die freiheitlich-demokratische Grundordnung unseres Grundgesetzes richten.
- Er kolportiert keine Gerüchte.
- Er übt keine Schmähkritik und enthält sich der Beleidigung.
- Er bleibt nicht im Lamentieren stecken, sondern fordert zu Lösungen auf.

Merke

Der Kommentar mit Pfiff – die Glosse

Über ernste Dinge lohnt es sich immer, eine Meinung zu bilden und zur Diskussion zu stellen. Aber wie ist es mit den weniger ernsten? Oder noch besser: Mit jenen unernsten Aspekten von ernsten Dingen, die uns dazu verleiten, bei allem Tragischen auch das Komische in einem Geschehen zu entdecken? Genau dieses Komische entdeckt der pfiffige Kommentar, die so genannte Glosse. Ihr Name als »Randnotiz« deutet uns eine Bedeutung an. Sie ist nicht die Essenz all dessen, was wichtig ist – nein, sie nimmt nur einen winzigen Anteil des Tatsachengeschehens auf, um daraus ihre eigene Logik aufzubauen und mit Strenge des Wahnsinns zur Pointe zu treiben.

Elemente der Glosse

Merke

- Die Glosse ist eine meinungsbetonte Textsorte.
- Sie rückt meist einem Detail einer Tatsache auf den Leib – das aber gnadenlos.
- Von diesem einen Detail einer Tatsache ausgehend begibt sie sich auf eine Reise in Richtung wachsenden Surrealismus.
- Dabei scheut sie sich nicht, mit todernster Geste Tatsachen fortwährend ad absurdum zu führen.
- Die Glosse endet stets mit einer Pointe.
- Die Glosse erklärt nicht, deutet nicht, interpretiert auch die Pointe nicht.
- Mit der Pointe ist stets Schluss.

Natürlich nutzt die Glosse mit ihrem Blick auf das Detail die ursprüngliche journalistische Fähigkeit der scharfen Selektion. Erinnern wir uns an den Küchenzuruf: Je spitzer er ist, je weniger Firlefanz ringsherum gruppiert wird, desto stärker und rascher begreifbar ist die Aussage eines journalistischen Textes für den Leser, Hörer oder Zuschauer. Für die Glosse ist eine extreme Auswahl besonders wichtig – denn der Witz dieser Textsorte beginnt für den Leser schon bei der ihm absurd anmutenden Auswahl des Details, das die Glosse betrachten will. Schauen wir einmal, ob es uns gelingt, aus einem so ernsten Thema, wie es der Bankraub in XY-Stadt ist, einen Funken zu schlagen, der eine Glosse entzündet:

Einstieg mit einem Detail

»Bankräuber sind arme Hunde: Keine geregelte Arbeitszeit, stets wechselnde Einsatzorte, das Schaffen und Raffen im Akkord, die körperliche Belastung der Wirbelsäule durch unhandliche Bargeldsäcke noch gar nicht mal mitgerechnet. Und dann auch noch die Hektik des Einsatzes! Und zudem das stete Risiko, von unzufriedenen Kunden mit dem Hinzuziehen der Polizei belästigt zu werden!«

Hier versucht die Glosse, den Einstieg durch ein unerwartetes Detail des Themas Bankraub zu entwickeln – nämlich das Detail der Arbeitsbedingungen, unter denen Bankräuber ihrem Broterwerb nachgehen. Deutlich wird die Technik der Kontrastierung: Der Schreiber betrachtet eine höchst despektierliche Beschäftigung wie den Bankraub unter der völlig unpassenden bürokratischen Brille der deutschen Arbeitsgesetzgebung. Das kann nur zur inhaltlichen Reibung führen – jener Reibung also, die den ironischen Effekt unseres Glossenseinstiegs auslöst.

Wie geht es weiter? Nach dem Einstieg durch die Auswahl des Details und die vollzogene Ironisierung folgt ohne Umschweife der Küchenzuruf der Glosse. Die These soll im vorliegenden Fall lauten: »Unsere Stadt macht es den Bankräubern leichter – denn sie haben es schwer genug!«

Der Küchenzuruf – Aufbau und Steigerung

»Schluss damit! Wenn schon die 35-Stunden-Woche für Bankräuber Illusion bleiben wird – denken wir nur an den Aufwand zur Beschaffung der Fluchtwagen, und erst das Geldzählen! – so muss unser Sozialstaat gerade auch dieser benachteiligten Berufsgruppe die Hand reichen. Die richtigen Schritte dazu beweist seit drei Monaten unsere Heimatstadt. Sie hat sich entschlossen, Bankräubern das Leben so leicht wie möglich zu machen. Nicht nur, dass XY-Stadt Banken in Hülle und Fülle beherbergt; auch scheinen diese praktischerweise jenseits aller Routen zu liegen, die von Streifen-

Beispiel

polizisten üblicherweise angesteuert werden. Ganz zu schweigen vom nächsten Polizeirevier: Zwölf Minuten dauerte es im Schnitt, bis bei den letzten drei Überfällen ein Polizeikommando am Ort des Überfalls eintraf.

Das gibt Sicherheit. Für die Bankräuber. Und entschärft jene oben genannten Stressfaktoren, die die Nachwuchssuche für das beschwerliche Geschäft immer mühsamer werden lassen...«

Der Mittelteil der Glosse präsentiert uns, nach dem furiosen Einstieg den Küchenzuruf. Dieser muss einerseits hinreichend abgedreht formuliert und andererseits so hinreichend ernsthaft vorgetragen werden, dass der Leser die ironische Fallhöhe zwischen dem Gesagten und dem Gemeinten schmunzelnd wahrnehmen kann. Dabei aber gilt jenes eherne Gesetz des guten Witze-Erzählers: Wer beim Erzählen lacht, der hat seine Zuhörer schon verloren! Deshalb gilt auch bei der Glosse das Stilideal, das grundsätzlich für alle journalistischen Textsorten gilt: Erzähle trocken, erzähle unaufgeregt, erzähle nicht mit Schaum vor dem Mund oder mit Pathos. Sondern erzähle die Dinge einfach so, wie sie sind. Erzähle lakonisch

Dieses Gesetz wird bei der Glosse besonders wichtig bei der Gestaltung der Pointe: Denn sie muss um die umwerfende Wirkung zu erzielen, naturgemäß eine gehörige Portion starken Tobaks servieren darf dies andererseits jedoch nur mit unterkühlter Geste tun. Versuchen wir es mal mit unserem Banküberfall-Beispiel weiter:

Die Pointe

Beispiel

»Also: Bankräuber dürfen aufatmen. Unsere Stadt unternimmt eine Vielzahl von Anstrengungen, das lange unterschätze Gewerbe aufzuwerten und in den Mittelpunkt des gesellschaftlichen Interesses zu stellen. Zum einen geschieht das durch den weitgehend freizügigen Zugang zu den Geldinstituten. Drei Mal schon konnten sie in den letzten drei Monaten ihre Leistungen den Bankräubern barrierefrei offerieren. Hinzu tritt die generöse Fluchtregelung: Durch die neu installierte »XY-Stadt-12-Minuten Regel« kommen auch noch ältere, körperlich nicht mehr so belastbare Berufsausübende in den Genuss einer Stress mindernden Fluchtabwicklung. Doch da lässt sich noch Weiteres denken:

Wie wäre es mit einer Lieferung der gewünschten Geldmenge im handlichen Fluchtrucksack – direkt an die Tür des Geldinstituts? Oder mit der Vereinbarung einer festen Überfallszeit vorab – so dass auch Medien wie Schaulustige rechtzeitig die Chance erhalten, sich zu postieren? Am besten aber scheint immer noch die Idee des Barschecks. Er könnte den Bankräubern friedlich überreicht werden. Und würde damit die belasteten Wirbelsäulen der Profis nicht noch weiter schädigen, ihre Fluchtgestaltung noch komfortabler machen. Sie haben es doch verdient: Sind sie denn nicht alle arme Hunde?«

Die Pointe, die unausweichliche Steigerung, schließt die Glosse ab. Der anfänglich noch halbwegs nachvollziehbare Entwicklungsgedanke wird vom Schreiber, wie wir hier sehen, im Drei-Phasen-Modell zugunsten einer gnadenlosen Überhöhung der Geschehnisse vorangetrieben. Am Ende platzt die Bombe, der Gipfel der Skurrilität ist erreicht: Der Leser darf sich dem Schmunzeln hingeben.

Altgediente Journalisten eint eine Einstellung: Gefragt nach der Textsorte, die am schwierigsten zu schreiben ist, antworten überdurchschnittlich viele, es sei die Glosse. Woran liegt das? Schauen wir uns einmal die Grundprobleme der Glosse genauer an:

Probleme der Glosse

Merke

- keine Pointe in Sicht,
- keine ausreichend witzigen Details vorhanden,
- keine Perspektive, die ungewöhnlich ist (Küchenzuruf!),
- kein Thema, das eine Glosse zuließe,
- zu viel Spekulation anstatt Erzählung,
- eine pathetische Sprache, die nicht zupackt.

Halten wir fest: wer eine gute Glosse schreiben will, braucht ein Thema, daraus ein Detail sowie einen Blickwinkel, unter dem er dieses Detail betrachtet – und er braucht zudem eine Pointe. Das Thema sollte zudem so beschaffen sein, dass sich daraus eine Glosse verfertigen lässt. Beispielsweise über Krankheiten, Behinderungen, Minderheiten oder religiöse Eigenheiten eine Glosse zu verfassen, sollte einem Journalisten nicht in den Sinn kommen, wenn er redlich handeln will.

Merke

Die Glosse karikiert den Starken – sie trampelt nicht auf dem ohnehin Schwachen herum.

Feuilleton, Kritik und Betrachtung

Das Feuilleton

Das Lexikon erklärt den Begriff Feuilleton seiner Herkunft nach aus dem französischen Wort »feuillet«, was soviel wie ein Blatt Papier aus einem Buch bedeutet. Als Oberbegriff steht er in der Sprache der Zeitungsmacher für jenen Teil einer Tageszeitung, der sich mit allen kulturellen Fragen beschäftigt. Der Begriff des Feuilletons ist also weit gespannt – und eigentlich ist er ein Oberbegriff für eine ganze Gruppe unterschiedlicher Textsorten. Zudem wird er verwendet für eine spezielle Textsorte innerhalb des Feuilletons: Wenn er dem Leser zum Beispiel als politisches Feuilleton begegnet.

Im Folgenden soll dieser Oberbegriff betrachtet werden unter den wichtigsten Untergruppen: Erstens als Text des Feuilletons, zweitens der Kritik und drittens der Betrachtung.

Der Feuilleton-Text: Geistreich und pointiert soll sie sein, die Form des Feuilletons; mit Scharfsinn und Witz, mit ungewohnten Perspektiven und spitzfindigen Urteilen soll es den Sinn des Publikums schärfen und seine Aufmerksamkeit fesseln. So weit die ungefähre Standortbestimmung dieses Textes. Aber da bleibt die Frage: Wie macht man das? Gibt es Regeln für Spitzfindigkeit und überraschende Perspektiven?

Helfen kann uns ein Blick in die Geschichte. Denn von der Entwicklung her entstammt das Feuilleton den Plaudereien und Betrachtungen der frühen moralischen Wochenschriften des 17. und 18. Jahrhunderts. Diese hatten im Sinn, ihre Leser zu erbauen und zu belehren. Sie entstammen damit also einer didaktischen, einer lehrenden Funktion. Diese didaktische Komponente ist immer noch spürbar. Der Autor will seinem Leser etwas mitteilen, aus dem er einen intellektuellen Nutzen ziehen kann.

Feuilleton-Text

Ein Feuilleton-Text ist eine Textsorte, die

- ein im weiten Sinne kulturelles Thema behandelt,
- es weniger erzählt als vielmehr ausführlich deutet,
- versucht, ungewöhnliche Perspektiven in das Thema einzubringen,
- wie ein Kommentar eine klare Meinung vertreten kann, aber nicht muss,
- diese Meinung jedoch differenziert und diskursiv darlegt,
- ihren Leser zu orientieren versucht,
- unterhaltsam geschrieben sein sollte,
- eine Bandbreite von tiefer Ernsthaftigkeit über milden Spott bis zum beißenden Sarkasmus besitzen kann.

Merke

Diese Beschreibung klingt vage. So stellt sich die Frage, welche Themen denn mit der Definition »im weiten Sinne kulturell« gemeint sein könnten. Diese Frage hat das Feuilleton von heute längst entschieden: Es gibt keine Grenze mehr zwischen politischem, wirtschaftlichem, wissenschaftlichem, kulturellem und allgemein-menschlichem Ansatz: All dieser Fragen nimmt sich der Feuilleton-Text unerschrocken an. Doch Vorsicht: Die Falle des Gesinnungsjournalismus lauert! Deshalb sollte sich der Autor vor dem Schreiben ein paar Gefahren bewusst werden:

Feuilleton-Text – Gefahren

- Unverständlichkeit: unterläuft häufig dort, wo ein Feuilletonist über ein Fachgebiet schreibt, das ihm besonders am Herzen liegt.
- mangelnde Selektion der Aussage: droht dann, wenn der Autor versucht, alles was er zum Thema sagen will, in seine 120 Zeilen zu pressen

> **Merke**
>
> - Ungerechtigkeit: Bei aller Meinungsfreude, die dieser Textsorte eigen ist, darf der Autor nicht in ungerechtfertigte Einseitigkeit verfallen.
> - Langeweile: wenn der Autor vergisst, dass ein Feuilleton-Thema stets eins zu sein hat: interessant für den Leser.

Die Themenbandbreite der Textsorte gibt ihr einen besonderen Reiz. Beachtet der Autor die Eigenschaften der Textsorte, kann er aus jedem Thema, das die Tageszeitung in Nachricht, Bericht, Reportage, Interview oder Porträt präsentiert, auch einen spannenden Feuilleton-Text destillieren. Unser Beispiel versucht sich am Leitthema des angesprochenen Bankraubs:

Feuilleton-Text: Bankraub

»Du sollst nicht begehren Deines nächsten Hab und Gut« lehren die Zehn Gebote, die Moses auf dem Berge Sinai aus den Händen Gottes empfing. So alt dieses Gebot ist, so lange wird es auch schon gebrochen. Was treibt Menschen dazu, sich den Besitz des Anderen anzueignen, auch wenn schwere Strafen drohen?

Die Bankraub-Serie, die unsere Stadt erschüttert, gibt einmal mehr Anlass dazu, über die Wirksamkeit von Geboten nachzudenken. Und sich darüber klar zu werden: Dass wir in gesicherten Verhältnissen leben, die den Bürgern unseres Staates ermöglichen, in einem Höchstmaß von Frieden und Unversehrtheit ihr Dasein zu fristen, ist nicht selbstverständlich. Der Trieb des Haben-Wollens um jeden Preis scheint tief verankert in der menschlichen Natur.

Für manche unserer Zeitgenossen scheint er kaum zu bändigen zu sein. »Ach, ich kann's nicht sehen, wenn wo was steht, ich muss es haben, haben, haben, haben!« ließ einst der Chanson-Dichter Friedrich Holländer seine »Kleptomanin« klagen. Was im Chanson witzig klingt, bedeutet in der Praxis des Zusammenlebens eine Gefährdung. Die Gefährdung durch Abwesenheit von Ethik, die uns auch in XY-Stadt in den letzten drei Monaten vor Augen führt, was es heißt, verunsichert zu werden.

Warum artikuliert sich das öffentliche Entsetzen so vehement, seit unsere Stadt so kurz hintereinander Tatort dreier brutaler Überfälle wurde? Nur wegen der Kaltblütigkeit der Täter? Der offenbarten Hilflosigkeit der Polizei? Der gefühlten Schutzlosigkeit der Menschen, die sich kaum noch trauen, die Schalterhalle einer Bank zu betreten?

Seien wir ehrlich: Einbruch, Diebstahl und Raub gab und gibt es bei uns wie in jeder anderen Stadt seit jeher. Doch die offensichtliche Massierung des Rechtsbruches hat neben ihrer Verwerflichkeit noch einen anderen Aspekt: Sie rüttelt an den Grundfesten unseres ganz persönlichen Ordnungsdenkens.

Dieses Ordnungsdenken ist der Pfeiler eines jeden Rechtsstaates. Jahrhunderte lang dauerte der Staaten bildende Prozess, der aus Sippen, die ihre Rechtsangelegenheiten per Faustrecht und Blutrache regelten, einen modernen Rechtsstaat wachsen ließ. Wir kennen das Prinzip der Gewaltenteilung, die Unabhängigkeit der Justiz und sind froh darüber, dass das Monopol, Gewalt auszuüben, in unseren Breiten dem Staat vorbehalten ist. Die Welle der Banküberfälle aber macht uns klar: Diese Ordnung ist keine Selbstverständlichkeit. Nie werden sich alle Mitglieder einer Gemeinschaft bereit erklären, die Regeln, die diese Gemeinschaft ausmachen, auch zu befolgen. Dass offensichtlich einige dieser Menschen mit besonderer Dreistigkeit diese Regeln durchbrechen, empört unser Sittengefühl. Und lässt zudem

Beispiel

die Angst in jedem Einzelnen davor aufkeimen, was es für unser Zusammenleben bedeuten würde, wenn sich mehr als zwei Bankräuber in gleicher Weise verhalten würden.

Um es deutlich zu sagen: Die Polizei, die Staatsanwaltschaft, die Richter und die Vollzugsbeamten werden irgendwann dafür sorgen, dass diese Taten gesühnt werden – nach Recht und Gesetz. Und ganz egal, wie lange das dauern wird – die Bankräuber in XY-Stadt werden unser System von Frieden und Freiheit nicht gefährden können. Aber sie können eines tun: Uns sensibel dafür zu machen, dass die Zehn Gebote zwar ziemlich alt sein mögen. Sie aber dennoch den wichtigsten Pfeiler dafür bieten, das unsere Kultur des friedlichen Zusammenlebens auch in Zukunft lebensfähig bleibt.

Hier merkt man die Nähe eines orientierenden Feuilleton-Textes zum Leitartikel, wie meist der längste Kommentar einer Tageszeitung genannt wird. Aber das Feuilleton geht deutlich über die reine Kommentierung der Ereignisse hinaus. Es wagt den Ausflug in die Vergangenheit, kontrastiert den aktuellen Anlass mit unterschiedlichen Parallelen aus Philosophie, Kultur und Geschichte, wagt das Zitat eines berühmten Geistes. Im Feuilleton-Text darf der Autor also seinen Leser mit weit mehr hintergründigen Fakten und Beobachtungen überraschen als dies ein Kommentar je täte. Doch auch hier lauert wieder eine Gefahr: Es ist die des Bildungsgeprunkes. Wer im Feuilleton mit unübersetzten Latein-Zitaten um sich wirft oder sich in philosophischem Wagemut ergießt, sollte eines nicht vergessen: Auch der Feuilleton-Text ist stets ein Text, der in einer Zeitung gedruckt wird – nicht im wissenschaftlichen Fachbuch.

Die Kritik

Wie erfahren wir, welches Theaterstück sich anzuschauen lohnt? Von welcher Qualität die Filme sind, die in dieser Woche in die Kinos kommen? Und welches aus der Fülle der 90.000 in diesem Jahr erschienenen Bücher dürfen wir nicht verpassen? Die journalistische Textsorte, die uns darauf eine Antwort gibt, ist die Kritik, auch Rezension genannt. Ihr Prinzip ist einfach: der Autor schaut sich besagtes Theaterstück oder einen Kinofilm an oder liest sich durch jene Bücher, die er für bemerkenswert erachtet. Dann bildet er sich eine Meinung. Und diese Meinung tut er in seiner Kritik kund. Das zeigt Wirkung: Deshalb gilt als erste Regel:

Regeln für die Kritik

- Der Kritiker einer Zeitung oder einer Zeitschrift trägt Verantwortung.
- Seine Kritik richtet er nach professionellen journalistischen Maßstäben aus.
- Der Kritiker legt stets seine Maßstäbe der Kritik offen.
- Jede Kritik wird durch Sachargumente unterfüttert.
- Der Kritiker schreibt unbeeinflusst von Interessen Dritter.
- Der Kritiker vermeidet ungerechte und überspitzte Kritik.
- Der Kritiker beteiligt sich nicht an Kampagnen und Diffamierungen.

Merke

Rezension und Kritik sollen im Folgenden der Einfachheit halber unter dem Begriff der Kritik zusammengefasst werden. Eine Kritik ist nicht nur eine Kritik. Denn ich kann zwar in meinem

Text meine Bewertungen unterbringen – aber weiß ich denn wirklich, ob mein Leser sie versteht? Dieser Umstand wird von manchen Kritikern im Feuilleton leider oft vergessen. Doch gerade er beweist die Janusköpfigkeit der Textsorte Kritik: Sie ist eben nicht nur die Besprechung – sie ist zugleich immer auch ein Bericht über das, worüber hier geschrieben wird.

Hier streiten sich nun gleich die Geister: Was, so fragen manche von ihnen, soll ich denn noch erklären, wenn Goethes Faust oder Shakespeares Sommernachtstraum gegeben wird? Soll ich mich da wirklich in einer Kritik noch zu einer Inhaltsangabe versteigen? Die Antwort liegt auch hier im Blick auf die Zielgruppe: Schreibt er eine Rezension für eine Fachzeitschrift wie »Theater heute«, so würde sich der Autor der Lächerlichkeit preisgeben, wollte er eine Inhaltsangabe mit der Kritik liefern. Aber wie sieht es aus mit jenen Zeitungen, die in den Winkeln deutscher Kulturlandschaften das Licht von Intellektualität und Aufklärung verbreiten? Stände es nicht einer Lokalzeitung auf der Schwäbischen Alb oder in der Mark Brandenburg gut an, eine Aufführung der oben genannten Theaterstücke so zu rezensieren, dass im Verlauf der Kritik wenigstens der Haupt-Handlungsfaden beiläufig erzählt wird?

Diese Idee ist wichtig, weil sie den Text redlich macht. Denn der Kritiker hat seine Kriterien, die er anlegt, für den Leser transparent zu machen. Das kann etwa dadurch geschehen, dass er kurz seine Hauptkriterien aufzählt: »Drei Dinge braucht ein guter Abenteuerfilm: Action, Action und nochmals Action!«, damit ist jedem Leser klar, dass der Rezensent seine Qualitäts-anmutung des zu besprechenden Films vor allem aus diesem Kriterium herleiten wird.

Wie geht eine professionelle Kritik mit Schelte um? Diese Frage stellt sich immer dann, wenn an Buch, Film oder The-aterstück kein gutes Haar zu bleiben scheint. Doch Verrisse sind eine wohlfeile Angelegenheit für einen Autor. Sie schreiben sich leicht – und Bosheit wird nur zu gerne vom Publikum beklatscht. Doch sollten Kritiker ein paar Grundregeln für die Gewichtung von Kritik beachten, bevor sie die Feder zücken:

Ökonomie der Kritik – Wann geht es wie gegen wen?

- Unwichtiges wird nicht verrissen – es interessiert niemanden, außer es besitzt einen besonderen Aufhänger (Aktualität, Abstrusität, Schadenfreude besonderer Güte).
- Das Unerwartete ist die beste Triebfeder der Kritik: Wenn ein Theaterstar überraschend versagt, ein Super-Regisseur mit seinem neuesten Film floppt, ist das interessant.
- Wenn etwas wirklich nur von Grund auf schlecht ist, lohnt es sich kaum, daran sein Mütchen zu kühlen
- Lobhudeleien sind die falsche Strategie für eine journalistische Kritik.

Merke

Wie sieht eine Kritik aus, die unsere Kriterien beherzigt? Versuchen wir es wieder einmal mit unserem Bankraub in XY-Stadt. Diesen selbst können wir allerdings schlecht rezensieren, denn das Geschehen eines Bankraubs entzieht sich einer solchen Textsorte wie der Kritik. Was wir allerdings rezensieren können, wäre eine »Bankraub-Revue«, mit der das Theater auf die Vorgänge in XY-Stadt reagiert:

Hart an der Grenze

Ein Mann braucht Geld. Das soll vorkommen. Deshalb sucht er sich einen Kumpel, der auch Geld braucht. Sie besorgen sich zwei Ballermänner. Und dann ab zur nächsten Bank – Bargeld auf unkonventionelle Weise abheben. Das geht leicht, ist lustig und vor allem – es ist völlig ungefährlich. Weil die Polizei so doof ist, unsere beiden Helden unbehelligt ziehen zu lassen.

Das ist in Kurzform erzählt, die Fabel der neuen »Bankraub-Revue«, die das Theater unserer Stadt gestern zur Premiere brachte. Eine Revue bietet einen bunten Bilderbogen, leistet Unterhaltung, erfreut mit Musik, flotten Texten, manchmal auch mit Anregungen zum Nachdenken. Das wäre in diesem Fall eine Chance gewesen. Sie ist vertan.

Denn was sahen die Besucher des Stadttheaters gestern Abend? Eineinhalb Stunden Musik, Tanz, Gaunergerede und ein Fülle von Chargen und Knalltüten auf der Bühne des großen Hauses. Geldgierige Bankdirektoren – als Mr. Shark mit Nadelstreifen, Zigarre und gegeeltem Haar: Udo Schwindel, der sich offensichtlich wohl in seiner Rolle fühlte und sie erschreckend authentisch ausfüllte. Doofe Polizisten – Willi Meier und Alfons Schneider steigerten sich in einen Rausch der Unfähigkeit – was wohl die Lage der tatsächlichen Polizeiermittlungen in XY-Stadt karikieren sollte, es aber nicht tat. Schließlich bemitleidenswerte Bankräuber – so arm, so herzensgut – Anton Weber und Egon Knusefrunz in den beiden Titelrollen waren ja auch so nett, ganz wie in die Realität, nur in die Luft zu schießen.

Diese Rollenzuteilung ließ Übles ahnen. Und in der Tat: Es kam noch viel schlimmer. Denn die Bankräuber-Revue bietet nicht mehr als stille Tage im Klischee. Natürlich müssen auch noch Brecht und Weill-Songs verwurstet werden, und natürlich gibt es – wer hätte das gedacht? – auch noch die arme alte Nachbarin, die die warmherzigen Geldbeschaffer aus den Fängen ihrer Gläubiger erlösen.

Gesungen haben die Schauspieler auch. Manche noch nicht mal so schlecht: Elvira Schuster als hys-

Beispiel

terische Kassiererin schraubte ihren Sopran in solche Höhen, dass es italienischen Opernfestspielen alle Ehre gemacht hätte – doch am Schluss geriet ihr die Stimme leider ins Kreischen. Umso krasser das Missverhältnis zu den Sangesleistungen ihrer Mitstreiter, allen voran dem Titel-Bankräuber Egon Knusefrunz. Mehr als ein unmelodisches Krächzen ließ sich bei den ihm zugewiesenen Songs nicht vernehmen. Das kleine Stadtorchester unter der Leitung von Johann Amadeus Brahms gab sein bestes – doch es hätte mehr geben müssen, um diese Scharte auszuwetzen.

Was am meisten ärgert, sind jedoch Inhalt und Aussage der Bankraub-Revue: Sie zeigt sich dem Betrachter als unreflektiertes Süppchen bunter Versatzstücke, von denen keines dem Klischee entkommt. Der schnodderige Umgang mit den Emotionen der im wirklichen Leben Betroffenen – den Kassierern, Kunden und Augenzeugen – ist hart an der Grenze des Erträglichen. Und was noch schlimmer ist: Die Opfer, die in der Wirklichkeit verstört zurückgelassen wurden, tauchen hier im Theater nur am Rande auf. So viel Realität wollten die Revue-Macher, allen voran Regisseur Michael Kurz und Autor Tobias Abhart, ihren Zuschauern wohl nicht zumuten.

Die Quittung kam ebenso prompt wie verdient. Noch vor der Pause verließen ein dutzend Zuschauer den Saal. Dürrer Beifall zwischendurch. Tobendes Pfeifen senkte den Vorhang.

Beispiel

Fassen wir die Aufgabe der journalistischen Kritik zusammen: Die Kritik dient nicht der Befriedigung der Autoreninteressen oder plumper Schönschwätzerei. Sie soll dem Leser ermöglichen, sich ein Urteil über ein Ereignis oder eine künstlerische Leistung bilden zu können, ohne dass er selbst diesem Ereignis beigewohnt oder analysiert hat. In diesem Sinne hat die Kritik – neben allem journalistischen Ehrgeiz der ansprechenden und vollständigen Information und Orientierung – noch einen weiteren Effekt:

Nutzen der Kritik für den Leser

Die Kritik dient nicht nur zur Information und zur Unterhaltung des Lesers.

Sie vermittelt ihm zugleich jene Hinweise, die er braucht, um sich kompetent ein Urteil zu bilden und damit eine Entscheidungshilfe.

Gute Kritik bietet also ihrem Leser immer zugleich auch einen konkreten Nutzen.

Merke

Die Betrachtung

Der Name dieser Textsorte ist vielen Journalisten in Westdeutschland gar nicht mehr so recht geläufig. In der ehemaligen DDR hingegen war die Betrachtung eine wichtige Textsorte. Machten sich doch die DDR-Deuter der Betrachtung ihre Zwitterstellung zu Eigen, dass sie einerseits von der Beobachtung von Fakten ausgeht, andererseits jedoch diese Fakten nutzt, um von ihnen aus zu Interpretationen, Gedanken und Einordnungen vorwärts zu gelangen.

Das kam in der DDR Parteistrategen sehr entgegen: verlangten sie doch, dass die Intention walten solle, »eine revolutionär-parteiliche Position gegenüber Fortschritts fördernden und -hemmenden Verhaltens- und Denkweisen zu beziehen« – immer ganz im Sinne der SED.

Die Betrachtung hat eine lange Geschichte. Wissenschaftler deuten sie zurück bis in die Texte der Antike. Ihr zugrunde liegt eine Kombination aus faktizierender, Beobachtung von solch unterschiedlichen Kategorien wie etwa politischen Zeiterscheinungen, Naturphänomen oder zwischenmenschlichen Ereignissen, die dann in einem zweiten Schritt erläuternd, erklärend und bedenkend interpretiert werden. Es ist also ein diskursiver Ansatz, der der Intention der journalistischen Textsorte Betrachtung entspricht.

Elemente der Betrachtung

- Die Betrachtung geht von Fakten aus.
- Sie besitzt damit als Ausgangspunkt einen Nachrichtenansatz.
- Die Fakten, von denen sie ausgeht, sind nachprüfbar und wahr.
- Diese Fakten diesen für den Autor als Ausgangspunkt zu neuen Gedanken.
- Diese Gedanken beanspruchen keine Allgemeingültigkeit wie im Feuilleton.
- Sie leben in der Betrachtung von der subjektiven, aber überzeugenden Argumentation.
- Die Betrachtung zielt in letzter Konsequenz auf das Gefühl des Lesers, nicht primär auf seinen Verstand.
- Als Besinnungsstück zum Wochenende affirmiert, bestätigt sie den Leser.
- Als Lokalspitze oder Editorial darf sie ihn aufrütteln, verstören.
- Die Betrachtung wird vorrangig als Autorenleistung wahrgenommen.

Merke

Die Betrachtung stützt sich auf das Faktum, entwickelt dieses aber konsequent weiter. Und sie tut es, anders als der Kommentar, nicht unter dem Aspekt, objektive Einordnung zu leisten, sondern die subjektive Bewertung dieses Vorgangs durchscheinen zu lassen. Stellen wir die Betrachtung in den Zusammenhang mit den anderen meinungsbetonten Darstellungsformen:

Meinungsbetonte Formen im Vergleich

Textsorte	Aufbau	Absicht	Subjektivität
Kommentar	argumentierend, von Fakten ausgehend, Meinung begründend.	Aufklärung des Lesers; Orientierung für Argumentation.	niedrig; Autor gibt vor allem Argumente für die Meinung.
Glosse	gerader Weg, der zur Pointe führt; überspitzte, interpretierte Argumente.	Unterhaltung für den Leser, Klarheit durch Überspitzung geben.	hoch; Autor begibt sich in Surrealität für seine Argumente.
Feuilleton	argumentierend und begründend, verbindet Einordnung und Wissen.	Leser bereichern, ihm zusätzliche Informationen geben.	Mittel, je nach Intention des Textes; kämpferisch hoch.
Kritik	argumentierend, Meinung gebend, Kriterien offenlegend.	Entscheidungshilfe, Information und Unterhaltung.	hoch; Autor muss aber berücksichtigen, was Leser wollen.
Betrachtung	von objektiven Fakten ausgehend, diese in subjektiven Gedanken weiterführend.	Leser nachdenklich machen, für neue Sichtweisen sensibilisieren.	hoch; allerdings nur im Sinne einer guten Gedankenführung.

Die Betrachtung zeigt also wiederum: Die Trennung von Fakten und Meinung muss auch bei dieser Textsorte relativiert werden. Denn die persönliche Leistung des Autors macht den Reiz dieser Textsorte aus. Hier geht es anders als beim Kommentar nicht um die präzise Abwägung kühler Fakten; anders als bei der Glosse nicht um die stringente Komposition des Textes geradewegs auf eine Pointe zu; und anders als bei der Kritik auch nicht um eine möglichst gut begründete Meinung, ob ich morgen ins Kino gehen sollte oder nicht.

Nein – es geht bei der Betrachtung in letzter Konsequenz um die Brillanz des Autors. Sie allein entscheidet darüber, ob ich die den Fakten folgenden Gedanken genießen kann oder ob ich sie schlicht langweilig finde. Deshalb ist die Betrachtung eng an die Person des Autors gebunden. Er wird stets genannt – auch wenn, wie manchmal bei einer Lokalspitze üblich, ein Gesamt-Pseudonym für das Kollektiv aller beteiligten Schreiber gewählt wird.

Aufbau der Betrachtung

Merke

- beobachtet einen Sachverhalt und stellt ihn fest,
- denkt geistreich über den Sachverhalt nach,
- tut das von einem persönlichen Standpunkt aus,
- gibt damit dem Leser einen neuen Blick auf ein vielleicht bekanntes Faktum.

Wie sieht nun eine Betrachtung im konkreten Fall aus? Nehmen wir an, unser Autor ist bei seinen Wegen durch die Stadt an einer Bank vorbeigekommen, an der vor 24 Stunden gerade ein Überfall stattgefunden hat. Zu welchen Gedanken könnte eine solche Szene Anlass geben?

Spurenlos

Wie ich genau vor die Tür komme, weiß ich gar nicht. Irgendwie lenken mich meine Beine zur Friedensallee, obwohl sie gar nicht auf der Route meines täglichen Gangs zum Redaktionshaus liegt. Professionelles Interesse? Wie sieht es an jenem Ort aus, an dem gestern Schüsse fielen, Menschen schrien, Fensterscheiben zerbarsten, die Fassade bröckelte? Vielleicht will ich das wissen, um es mir einzugestehen. Oder – mich beschleicht ein merkwürdiges Unbehagen – vielleicht gehöre ich doch im tiefsten Innersten auch zu jener Art der Katastrophen-Touristen, die sich im Gruseln die Orte von Verbrechen ansehen müssen, nur um sich im merkwürdigen Wohlbehagen wieder zu finden, dass das Unglück sie ja nicht getroffen hat!

Mit solchen Gedanken finde ich mich vor der Filiale der Bank ein. Und stutze. Ist es wirklich diese Filiale, die überfallen wurde? Das kann kaum sein: Alle Fensterscheiben sind heil, erstrahlen im Glanz. Ein Fensterputzer ist gerade am Werke. Ich frage nach. »Die hamse grade frisch einjebaut!« klärt er mich auf. Also bin ich doch richtig.

Und die Tür? Die Kollegen schrieben doch, sie sei zu Bruch gegangen. Und die Wände? Einschusslöcher bei der Flucht – so stand es jedenfalls in der Zeitung. Haben die Kollegen phantasiert? Ich suche die Wände ab. Keine Einschusslöcher zu sehen, nur eine merkwürdig saubere Wand. Das einzige, was mir auffällt, ist das »Vorsicht! Frisch gestrichen!«-Schild, das mehr verschämt als warnend an einer Lampe befestigt ist. In der Luft liegt ein Geruch nach frischer Farbe. »Hamse allet gleich heute morjen gemalert!« sagt der Fensterputzer, der meinen fragenden Blick erkannt haben muss. Scheibe, Tür, Wände – alles makellos. Dabei ist das Geschehen gerade erst 24 Stunden her.

Ich bedanke mich bei meinem Informanten und ziehe meines Wegs. Irgendetwas will mir nicht aus dem Kopf: Warum diese Hast? Warum haben wir offensichtlich Angst, uns der Tatsache zu stellen, dass hier gestern noch etwas Ungerechtes, etwas Verletzendes geschah? Wollen wir es nicht wahrhaben, weil wir ganz schnell alle Spuren tilgen, Business as usual machen. Und bitte, bitte nur nicht erinnert werden möchten?

Der Gedanke erschreckt mich. Ist dies nicht die perfekte Tradition der Verdrängung, die wir mit Putz,

Farbe und Glaslieferung sozusagen frisch am Bau manifestieren? Ist dies nicht die beste Darstellung der »Unfähigkeit zu trauern«, die die Mitscherlichs unserer Nation in ihrem berühmten Werk aus Sicht der Psychoanalyse attestieren?

Warum geben wir uns in unserem Alltag keine Zeit, zu trauern und zu verarbeiten?

Sicher: Man darf die Scherben eines Banküberfalls nicht lange herumliegen lassen. Aber ein Gedanke drängt sich mir auf: Ist wenigstens einer der Bankverantwortlichen auf den Gedanken gekommen, kurz seine Angestellten zu fragen, ob man den Ort des Banküberfalls noch einmal kurz besuchen möchte, um sich von seiner Angst zu verabschieden? Das hätte für manchen der Betroffenen hilfreich sein können.

Denn der Ort der Angst bietet diese Möglichkeit nicht mehr. Wenn die jetzt noch beurlaubten Bankangestellten in einer Woche an ihren Arbeitsplatz zurückkehren, werden sie nichts mehr vorfinden, was sie an die Schrecken der letzten 24 Stunden erinnert. Es wird ihnen wie ein böser Alptraum vorkommen. Vielleicht wie etwas, das sie gar nicht recht erlebt haben.

Doch Alpträume haben eine Eigenschaft. Sie kommen wieder. Wenn man sich nicht die Chance gibt, von ihnen bewusst Abschied zu nehmen.

Beispiel

7 Nutzwert in journalistischen Textsorten

Erinnern wir uns an unsere Unterscheidung der vier Arten, in denen Journalisten grundsätzlich thematisieren können (siehe Kapitel 2, Seite 13). Alle ersten drei unterschiedlichen Arten haben wir in den vorangegangenen Kapiteln angesprochen: Das Berichten, das Erzählen, das Orientieren und Einordnen. Eine Art der Thematisierung allerdings steht uns noch aus. Es ist dies die vierte Art, wie Journalisten thematisieren: das Nutzen. Allerdings stehen wir im Zusammenhang mit den Textsorten des Journalismus, wenn wir diese vierte Dimension der journalistischen Thematisierung ansprechen, zugleich vor einem Problem. Dieses Problem lautet:

Nutzwert im Journalismus 1

Merke

Journalistischer Nutzwert ist keine eigene Textsorte; es ist vielmehr eine besondere Art, einen Inhalt in einer Textsorte für den Leser, Hörer oder Zuschauer zu thematisieren.

Wenn es aber keine eigene Textsorte Nutzwert im Kanon der Textsorten gibt – warum wird er in diesem Buch dennoch angesprochen? Die Antwort ist einfach. Erstens wird die Darstellung von nutzwertigen Themen für den Journalisten immer unentbehrlicher. Und zweitens haben Journalisten eine Menge Möglichkeiten, fast alle der in diesem Buch genannten und beschriebenen Textsorten für ihre Leser nutzwertig aufzubereiten. Im Folgenden wollen wir uns komprimiert die wichtigsten Voraussetzungen und Techniken dazu anschauen.

Nutzwert – die Kunst zu nutzen und erfreuen: Vor allem die Tageszeitungen entdecken mittlerweile den Nutzen für den Leser von einer neuen Seite. Hatten Sie traditionell als primär aktuell orientierte Medien zwar schon immer Service-Elemente und Ankündigungen zum Beispiel für Veranstaltungen im Blatt, so bewegen sie sich angesichts anderer Aufgaben, die auf sie zukommen, mehr und mehr auch in Richtung Orientierung und Nutzen. Denn Nutzwertstücke, die handwerklich gut gemacht sind, bieten Orientierung, Hintergrund und Nutzen.

Nutzwert im Journalismus 2

Merke

Die Texte des Nutzwertjournalismus sind auf dem besten Wege, Brot- und Buttergewerbe für den Journalisten der Zukunft zu werden.

Der Medienkonsument von heute ist »over-newsed, but under-informed«, das heißt: In der Fülle von auf ihn einprasselnden Nachrichten können sich nur noch die Wenigsten sachgerecht orientieren. Vor allem Zeitschriften, Wochenzeitungen, aber auch der Tageszeitung wächst zukünftig die Aufgabe von Analyse, Einordnung und Orientierung zu – und darüber hinaus der Ratschlag: Tue das und lass bitte dieses lieber.

Einen Beitrag dazu leistet die journalistische Thematisierung des Nutzwertjournalismus. Was zeichnet solche Texte aus?

Elemente des Nutzwerttextes

- was über die Aktualität der Nachricht hinausgeht und dem Leser Hintergrund, Orientierung und Fakten für seine Aktion bietet,

> **Merke**
>
> - was im besten Sinne des Wortes Lösungen bietet, die ihm helfen, sein Leben glücklicher, gesünder oder günstiger zu gestalten,
> - was ihn auf eine unterhaltsame Weise informiert,
> - was seine Ängste und Emotionen auffängt,
> - was ihm komplizierte Sachverhalte und Hintergründe in die Sprache übersetzt, die er als Mediennutzer versteht,
> - was ihm eine konkrete Handlungsanweisung anbietet, nach der er sich, richten kann,
> - was ihm Mut macht zu handeln,
> - was die persönliche Meinung des Schreibers zurückhält.

Welche der in diesem Buch bislang vorgestellten Textsorten eignen sich nun am besten, wenn ein Autor eine nutzwertige Thematisierung anstrebt?

Vorrangig werden nutzwertige Inhalte dem Leser natürlich in der Form des Berichts, des Features oder des Reports vermittelt. Denn hier hat die Informationsübermittlung Vorrang. Und das ist die beste Voraussetzung, wenn ein Sachverhalt kompliziert ist und einen hohen Erklärungsbedarf hat. Hier machen konkrete Ratschläge an den Leser (»Fünf Tipps, wie sie...«) aus dem berichtenden Text einen nutzwertigen. Auch erzählende Textsorten können nutzwertig dargeboten werden: Zum Beispiel im Interview mit einem Experten zu einer speziellen Frage, in dem etwa ein Arzt Ratschläge bietet. Häufig begleiten solche Experteninterviews Berichte oder Reports zu Themen, bei denen der Leser Rat und Tat erwartet: »Wie lege ich mein Geld richtig an?«, »Was tun, wenn mein Kind trotzt?« Oft genügen drei bis fünf Fragen, um den Leser Aufschluss über eine richtige Handlungsweise zu geben.

Ebenfalls kann ein Porträt dem Leser Nutzen bieten – etwa dann, wenn es darum geht, einen Menschen zu beschreiben, der durch seine Handlungsweise als Vorbild für die Lösung von Problemen gelten kann. »Angelika Meier erzählt: So besiegte ich meine Krebserkrankung!« Allerdings gilt bei der Wahl einer solchen Textsorte mit nutzwertiger Thematisierung eine gewisse Vorsicht: Da das Porträt üblicherweise das Schicksal und die Vorgehensweise eines einzigen Menschen thematisiert, muss die Wahrheit und Wirksamkeit der von dieser Person getroffenen Ratschläge journalistisch redlich und sorgfältig mithilfe von anerkannten Experten des entsprechenden Fachgebiets gegen recherchiert werden. Ein weiterer Träger von Ratschlägen und Tipps kann die Reportage sein. Hier ist vor allem der Typus der Reisereportage bekannt, der ja häufig nichts anderes ist als eine Art Rezension eines Urlaubsziels. Im Unterschied zu den berichtenden Textsorten wird hier der Nutzen durch die erzählende Vermittlung versucht, was den Lesereiz solcher Nutzwertgeschichten steigert. Vor allem Motorzeitschriften pflegen die Textsorte der ausführlichen Testreportage, in der die Handhabung eines Autos, Lastkraftwagens oder Motorrads akribisch durch den Selbstversuch des Autors beschrieben wird. Über den belehrenden Ursprung von Feuilleton und Kritik haben wir schon gesprochen. Die Kritik hat immer einen Nutzen für den Leser, wenn sie die Anforderungen der Textsorte erfüllt: Nämlich dem Leser klipp und klar zu sagen, ob es sich lohnt, ein Buch zu lesen, ein Theaterstück zu sehen oder einen Kinobesuch zu machen.

Doch wie ist das mit Kommentaren? Können die, sollten die dem Leser einen Nutzen bieten? Tatsache ist: Definiert man den Nutzen, den Journalismus dem Leser bieten kann, über eine einfache Gebrauchsanweisung (»So gelingt Ihnen Ihr Hefeteig ohne Probleme!«) hinaus und begibt man sich in Richtung eines sozialen Nutzens, der Informationen und Handlungsoptionen für den Leser bereitstellt, so können gerade Meinungsstücke in bestimmten Zielgruppen und zu definierten Anlässen eine ganze Menge an Nutzen für den Leser bieten.

Und selbst die Glosse kann unter dem Gesichtspunkt der Thematisierung des Nutzens angelegt werden. Ja, sie kann ihrem Leser Nutzen bieten, wenn sie in ihrem Glossentext samt Pointe den Finger in eine Wunde legt und dann in einem beigefügten Kasten sieben Tipps zur Aufarbeitung genau dieses Problems gibt.

Ein Nutzwerttext ist deshalb kein Porsche-Turbo, sondern ein Opel-Omega-Caravan-Diesel – was den Inhalt angeht. Er muss nicht vorrangig schnittig sein, sondern etwas transportieren. Was er transportiert, hat für den Leser eine persönliche Bedeutung. Der Text informiert mehr als er unterhält. Und das über Themen, die der Leser direkt am eigenen Leibe spüren kann: Gesundheit, Erziehung, Geld, Reisen usw.

Nutzwert im Journalismus 3

Merke

Der Nutzwertjournalist trägt Verantwortung. Deshalb gilt beim Nutzwerttext – er muss vor allem eines sein: Nämlich richtig!

Das mag sich für Journalisten trivial anhören. Ist es aber nicht. Ein Beispiel mag das erläutern. Ein Reporter schwärmt aus, um eine Reportage über den Stammeskampf in Burkina Faso, dem ehemaligen Obervolta, zu verfassen; irrt er sich nun in der Schreibweise des Namens einer der Häuptlinge, dann mag das für seine journalistische Reputation betrüblich, für den betreffenden Häuptling ärgerlich und für die Handvoll Leser, die Afrika-Experten sind, irritierend wirken. Für den Durchschnittsleser jedoch bleibt dieses Versehen ohne jede Nachwirkung.

Verhunzt jedoch eine Kochzeitschrift ihr Backrezept für den Weihnachtsstollen, in dem sie per Kommaverschiebung die Menge der Hefe verzehnfacht – so trifft diese Fehlleistung elementar die Interessen der Leser. Deshalb gilt: Der Nutzwertjournalist trägt Verantwortung. Diese Verantwortung beginnt bei der Recherche.

Recherche-Regeln

Merke

- Der Autor eines Nutzwertbeitrags muss sich bei Weitem kundiger machen als es der fertige Text verrät.
- Sorgsam muss der Stellenwert der Quellen eruiert werden. Denn Scharlatane sind schädlich, auch wenn man sie nur zitiert
- Der Autor muss bei allen Fragen, bei denen der Leser eine Entscheidung erwartet, nach Abwägung der Fakten einen Standpunkt beziehen.

Der Nutzwerttext will, um ein Zitat von Horaz einzuführen, »nutzen und erfreuen«. Er hat eine anleitende Funktion ohne jedoch – und das ist wichtig – diese Anleitung für den Leser penetrant in den Vordergrund zu stellen. So muss der Autor in einer Techniksendung über Autos im Ratgeber Technik eine andere Darstellungsdramaturgie in einem Fernsehbeitrag wählen als der Zeitschriftenredakteur, der sich in Form eines Reports mit kniffligen psychologischen Partnerschaftsfragen auseinandersetzt. Deshalb kann ein Nutzwerttextautor sprachlichen Flurschaden anrichten, wenn er falsche Töne von sich gibt.

Nutzwert im Journalismus 4

Merke

Der Nutzwerttexter muss auf jeden Fall falsche Töne vermeiden. Solche falschen Töne wären zum Beispiel solche den Leser beleidigende Zeilen wie:
»Cellulitis – neue Hilfe für alte Beine«
»Einbruchs-Opfer? Selbst schuld!«
»Börsenkrach-Händler: Zu dumm zum Investieren?«

All diese Kompositionsprinzipien stehen, wie deutlich wurde – im Nutzwertjournalismus unter einem didaktischen Auftrag: Der Sachtext hat belehrende Funktion – ohne jedoch, und das ist wichtig – diese Belehrung penetrant in den Vordergrund zu stellen. Nein: Der gelungene Sachtext macht nachdenklich und überzeugt seinen Konsumenten durch Fakten. Und im besten Falle hat dieser Sachtext natürlich auch das Ziel, zu einer Verhaltensänderung des Lesers beizutragen.

Verhaltensänderung des Lesers als Intention eines journalistischen Textes – kann das mit den ethischen Prinzipien, die Journalismus vertritt, wirklich vereinbar sein? Denn ein solches Ziel führt ohne Umwege hin zu einem manipulativen Charakter, der durch diese Art der Ansprache des Lesers deutlich wird. Doch ein Journalist wird nicht manipulieren wollen.

Dies stimmt. Aber schaut man sich einmal genauer die Herkunft des Wortes »Manipulation« an, so eröffnet dies den Blick zu einer differenzierten Betrachtung des Vorganges. Der begriff »manipulare« stammt aus dem Lateinischen und bedeutet erst einmal soviel wie »etwas handhaben«. In diesem engen Sinne kann der Sachtext also durchaus ein Ziel haben, das durchaus begrüßenswert ist.

Wenn man den negativen Charakter des Wortes beiseite lässt, kann der Autor eines Sachtextes zu dieser Aussage stehen. Denn im Zweifelsfall will er doch durch seine journalistische Arbeit mit dazu beitragen, erreichen, dass der prügelnde Vater, der seinen »Eltern«-Artikel liest, das der herzkranke Raucher, der seinen Beitrag im ZDF Gesundheitsmagazin anschaut, genügend Informationen und Anregungen bekommt, sein eigenes Verhalten zu überdenken und vielleicht sogar zu ändern.

Um dieses Ziel zu erreichen, orientiert sich ein Sachtext in Thema, Aufbau, Sprache und dramaturgischen sowie etwa filmischen Mitteln am so genannten Stallgeruch eines Blattes oder eines Senderumfeldes . Der setzt sich zusammen aus dem Hauptthema der Zeitschrift (z. B. Mode, Motor, Gesundheit, Kinder), der Leserschicht (Alter, Geschlecht, Bildung, Status) und dem so genannten Gefühlswert, den das Medium vermittelt. Der Sachtexter sollte sich also besonders gut mit den Menschen auskennen, für die er journalistisch tätig werden will. Nur dann kann er sie auch wirklich erreichen.

Denn oft wird dabei übersehen: Sachtexte sprechen nicht nur den Intellekt, sondern häufig auch das Gefühl des Lesern an. Je nach Thema muss ein solcher Text deshalb noch Ängste auffangen, Schamgefühle respektieren, Trost spenden und Hilflosigkeit durch Information in Aktivität umwandeln. Dies gilt in besonderem Maß für alle Fragen, die mit dem eigenen Körper oder Verhalten zu tun haben.

Der Aufbau eines Nutzwerttextes bedient sich aller nur denkbaren sprachlichen und grafischen Mittel: Von der Aufzählung über Tests, Spiele, Fragen und Antworten bis hin zu größeren Human-Touch-Storys (z. B. über Alkoholismus), die sich in Form und Farbe der Reportage annähern können. Kästen saugen staubtrockene Fakten aus dem Lauftext und bieten komprimierte Information; Grafiken und Tabellen unterstützen die Suche des Lesers nach übersichtlichen Vergleichen.

Literatur

Belz, Christoph/Haller, Michael/Sellheim, Armin: Berufsbilder im Journalismus. Von den alten zu den neuen Medien. UVK, Konstanz, 1999.

Schon ein paar Jahre alt, aber immer noch sehr lesenswert, da es die unterschiedlichen Berufsbilder des Journalismusberufs authentisch zeichnet.

Egli von Matt, Silvia/Gschwend, Hanspeter/Peschke, Hans-Peter von/Riniker, Paul: Das Porträt. UVK 2. Auflage, Konstanz, 2008.

Ein Standardwerk, das in seiner jüngsten Neuauflage auch multimediale Porträts und die Portätfotografie behandelt.

Fasel, Christoph: Nutzwertjournalismus. UVK, Konstanz, 2004.

Hilfreich für alle, die mit ihren Texten konkreten Ratschlag für ihre Leser geben wollen.

Haller, Michael: Die Reportage. UVK, 6. Auflage, Konstanz, 2008.

Klassiker mit allen erdenklichen Facetten der Reportage – für die Ausbildung zum Könner unerlässlich.

Haller, Michael: Das Interview. UVK, 4. Auflage, Konstanz, 2008.

Mit vielen praktischen Anleitungen zur Vorbereitung und Bearbeitung von Interviews

Haller, Michael (Hg.): Recherche-Werkstatt. UVK, Konstanz, 2001.

Eine spannende Sammlung von Recherchen, die direkt am Textbeispiel belegt werden. Macht Mut zu eigenen Recherchen – und zeigt gute Wege, wie es funktioniert.

Häusermann, Jürg: Schreiben. UVK, Konstanz, 2008.

Eine komprimierte und höchst hilfreiche Einführung in die journalistische Sprache.

La Roche, Walther von: Einführung in den praktischen Journalismus. Econ, 17. Auflage, Berlin, 2006.

Der Klassiker unter den Journalisten-Lehrbüchern, mit starker Betonung des Nachrichtenjournalismus.

Mast, Claudia (Hg.): ABC des Journalismus. Ein Handbuch. UVK, 11. Auflage, Konstanz, 2008.

Klärt kurz und bündig alles Wissenswerte über Beruf, Mediensystem und das journalistische Handwerk.

Nowag, Werner/Schalkowski, Edmund: Kommentar und Glosse. UVK, Konstanz 1998.

Alles über diese beiden meinungsbetonten Darstellungsformen.

Schalkowski, Edmund: Rezension und Kritik. UVK, Konstanz 2005.

Eine Einführung in die Kunstkritik. Mit Beispielen aus Theater, Literatur, Musik, Tanz, Kunst, Film, Fotografie und Design.

Schwiesau, Ditz/Ohler, Josef: Die Nachricht. List, München 2003.

Handbuch über diese zentrale Darstellungsform im Journalismus. Behandelt die Spezifika von Nachrichten in Presse, Radio, Fernsehen, Nachrichtenagenturen und Internet.

Weischenberg, Siegfried: Nachrichten-Journalismus. Anleitungen und Qualitätsstandards für die Medienpraxis. Westdeutscher Verlag, Wiesbaden 2001.

Die Regeln des Nachrichten-Journalismus werden anhand von vielen Praxisbeispielen illustriert. Anregung, über den Tellerrand hinauszublicken und das journalistische Handwerk zu reflektieren.

Index

Weiterlesen

Schreiben

Jürg Häusermann
Schreiben
2008, 140 Seiten, broschiert
ISBN 978-3-86764-127-2
Wegweiser Journalismus 1

Eine klare Position ist unverzichtbare Grundlage, um verständlich und ansprechend im Journalismus zu schreiben und zu einem eigenen Stil zu finden. Wie man dorthin kommt, zeigt Jürg Häusermann in diesem Buch. Aus seiner jahrelangen Tätigkeit in der journalistischen Ausbildung haben sich dabei folgende Schwerpunkte herausgebildet:

- Verständlichkeit
- Attraktivität
- bewusste Wahl der Perspektive
- Umgang mit fremder Rede
- Überschriften und Anmoderation von Texten
- Abwechslung im Aufbau
- alternative Schreibtechniken.

Häusermann illustriert seine Aussagen mit vielen Beispielen aus der Praxis und gibt Tipps für deren Umsetzung. Übungsaufgaben regen zum eigenen Schreiben an – die Ergebnisse können mit den Lösungen im Anhang verglichen werden.